藍學堂

學習・奇趣・輕鬆讀

財 富 和 不 平 等 的 起 源

人 類 的
旅 程

THE JOURNEY
OF HUMANITY
THE ORIGINS OF
WEALTH AND INEQUALITY

奧德・蓋勒 ODED GALOR————著　顧淑馨————譯

目錄

| 推薦序 |

上下碧落與黃泉，
看見經濟成長歷史的樹與林

劉瑞華／清華大學經濟學系教授

　　《人類的旅程》是一本有影響力的經濟史著作，作者奧德・蓋勒卻不是經濟史學家，也許應該說他原本不是經濟史學家。蓋勒教授的專長領域是經濟學的總體動態，研究經濟的短期景氣循環，也研究長期的成長與衰退，最有名的成就是提出了一項「統一的成長理論」。蓋勒教授在這本書裡，將「統一的成長理論」應用於自人類文明誕生以來的成長歷程，這樣的企圖心顯然足以讓他成為經濟史學家。

　　理論學者拿著先進理論踏進經濟史領域，可能會令人以為像是高科技產品打入手工業市場，不過，經過一九六〇年代起的新經濟史革命的歷練，經濟史學界已經熟習許多理論，特別是成長理論，要了解這本書的貢獻，有必要先看看成長理論應用於長期經濟歷史研究的功用，以及理論發展的脈絡。

　　從亞當・斯密的《國富論》開始，經濟學所追尋答案的終極問題，就是財富是如何創造出來的，以及如何使財富持續增加，古典理論已經為答案打好了基礎，那就是生產，至今世界各國衡量經濟表現

與變化的指標都依據生產。

　　古典理論的生產是依靠人與土地，成長的動力來自人口增加。然而，理論上這種成長的長期結果是悲觀的，馬爾薩斯的《人口論》已經給了判決。相對於十八世紀之後的快速成長，之前上萬年乃至數十萬年的進步顯得非常微小，本書甚至經常形容成停滯，人類如何走出這個古典成長模式，乃是經濟史長久關注的課題。

　　經濟學不只有古典成長理論，新古典理論指出，除了人口與土地，資本的出現讓生產增加了一項有力的因素，而且相對於前兩者，資本的增加可以很快速，只要將生產的結果不全部用於消費，存起來轉為投資就能加速生產。不過，資本的作用很複雜，它讓人力的性質改變成為勞動或人力資本，而且它在累積的過程中，本身的性質會改變。理論上，如果資本累積只有數量的增加，並不能改變成長的悲觀結果，要創造持續成長，必須考慮到實質資本與人力資本在性質上的變化。

　　「內生經濟成長理論」特別考慮生產因素隨著累積會產生自發的成長動力，這種「內生」的動力能創造持續成長的機會，因而可以解釋現代經濟成長出現連續的技術創新以及人力素質提升的現象。然而，蓋勒教授認為「內生經濟成長理論」有缺點，那就是不能解釋成長之前的長期停滯，如何轉變為連續的成長，他試圖解答這個問題，並且稱自己的理論為「統一的」理論理由在此。

　　蓋勒教授在本書中用於解釋「統一的成長理論」篇幅不多，並且沒用數理模型，而是平鋪直敘的指出關鍵因素在人口規模與人

口組成。本書的名稱翻譯為《人類的旅程》，其中人類的原文是Humanity，含有「人性」的意思。從人類誕生以來，文明發展之下的人已經不是給定的生物類別，透過自然與社會的群體演化，人類能夠創造出自發式進步，這個經濟成長的軌跡也是「人」的變化歷程。

　　《人類的旅程》探討的問題在經濟史學界最近數十年已經很受關注，而作者的論點又像回歸古典理論的人口面向，而且以往經濟史著作裡眾多的「階段」或「時代」的分析，也都曾經涵蓋相對應的結構轉變，馬克思理論甚至將社會革命視為歷史決定的結果。表面上看，本書的見解似乎並未對經濟史知識帶來革命性的改變。不過，蓋勒教授用他的理論取代哲學式的「辯證法」解釋歷史的重大轉型，並且在本書引述了各種不同文明歷史故事，呈現的人口規模與組成有著豐富的含義，尤其是強調遷徙與種族多元性的經濟意義，對於當前全球化與反全球化正處於混沌與衝突的時代，格外有引人深思的作用。

　　理論學者往往能為經濟史帶進有如鳥瞰式的宏大視野，避免有些經濟史學者執著於史料而流於「見樹不見林」的缺點，奧德・蓋勒的這本鉅作對經濟史學界應會造成一場震撼。容我進一步將「樹」與「林」的比喻用到深處，《人類的旅程》讓讀者見到的「林」不只有單一樹種，而是經歷生態考驗而榮枯並存的多樣生命棲息地。這樣的森林除了用空拍機遠觀之外，還要走進去從樹木看見樹林。

| 推薦序 |

近因 vs. 終極因

王道還／生物人類學者

「歷史只是一連串偶然事件的後果」大概是最古老的史觀。它最有名的表述方式，大家都以為出自巴斯卡（Blaise Pascal, 1623-1662）的《沈思錄》：

如果克麗奧佩脫拉的鼻子短了一點，世界就會不一樣了。

凱撒、安東尼、克麗奧佩脫拉的關係，是西元前一世紀中葉羅馬帝國形成期的香豔故事。表面看來，巴斯卡只是重複了俗見：要是克麗奧佩脫拉的鼻子短了一點，她的**容貌**就會不一樣——因此她的歷史影響就會不同。巴斯卡勝在說詞：克麗奧佩脫拉的**容貌**改變了地球的**地貌**（地表的政治地圖）。歷史的轉捩點竟然繫於一個偶然事件——一個女人的鼻子是高是低——實在教人啼笑皆非。

但是，巴斯卡並不只是玩文字遊戲，我們必須「得意忘言」，才能領會他的微言大意。原來他並不是在點評流行的史觀，而是指出人性的一個弱點，他真正的論點是：

　　你想知道人多麼愛慕虛榮嗎？只消觀察愛情的因與果就成了。愛情的因，誰也說不上來，這個說不出名堂的東西——顯然毫無特色、微不足道——卻會顛覆整個地球：王公大人、軍隊、整個世界。

　　對於科學家巴斯卡，既然是「說不出名堂的東西」，必然就「毫無特色、微不足道」。想來李莫愁絕不會同意：問世間情是何物，直教生死相許！

　　本書作者深信：歷史絕非一連串偶然事件的後果。他企圖解答一個大哉問：國家何以有貧富之分？那是經濟學的老問題，至少可以追溯到亞當・斯密的《國富論》——將近兩個半世紀前出版的書。那時歐洲的工業化方興未艾，從一開始「國富」問題（國家何以富？何以貧？）就涉及政策的主張與辯論。到了今天，全球化與現代科技造成的世界使得問題比過去還要複雜，各國生活條件與富裕程度的差異日益擴大，而過去兩個半世紀以來的工業化，已產生全球性的惡果，例如大氣暖化、氣候變遷。

　　本書一方面企圖解釋經濟成長（傳統的「國富」問題），另一方面又要針對國際間的不平等提出解方。作者的分析策略，是透視近因，探索終極因——根深柢固的更內在、更深層因素。因為大歷史的趨勢不可能由「偶發」因子——毫無特色、微不足道——創造。以六〇年代「發展理論」為基礎提出的政策指導在第三世界並沒有創造奇蹟，就是因為表面看來理所當然的建制，需要不著文字的文化與社會支持才能運行無礙。就像「民主」絕不只是舉行選舉、讓民眾投票那

麼簡易。

「近因 vs. 終極因」是協助我們穿透表象的工具。以獵豹追逐羚羊為例。牠們的拼搏既是性命交關之事，也是我們的視覺饗宴：牠們的解剖構造那樣的優美、那麼的有效率。問題在：獵豹出擊，成功率非常低，而且很快就知難而退；牠們成功獵殺的，主要是老弱病孺。為什麼？問題不在獵豹的身體構造有先天的缺陷，而在「終極因」：一頓飯 vs. 一條命。羚羊輸了，賠上一條命；獵豹輸了，只損失一頓飯。留得青山在，不怕沒柴燒。何況獵食動物經不起受傷，一受傷就麻煩了，草食動物拼命逃生就沒那麼大顧慮。

關於人類的歷史，每一本教科書都強調新石器時代革命（或農業革命）是轉捩點。文明史從此展開：從農牧業、到定居聚落、到城市、到國家、到帝國……。但是世界各地適於發展農牧的地區並沒有同時發展新的生計，先後相去可能幾千年。為什麼？這一類觀察提醒我們：我們想解答的問題，也許涉及許多我們乍見之下沒有注意到的因子，那些因子有的深深嵌在歷史、文化中。人為萬物之靈，意思可能不是人比較聰明，而是人能夠生活在自己創造出來的環境中。世上萬物在人出現以前就已經存在了，人在那個世界裡演化出現，必須適應那個世界的一切。但是人有足夠的認知能力想像不同的可能性，建構自己的世界──人文世界。不同的社會生活在不同的人文世界裡。因此，不是每一種人生態度、生活方式都能與現代生活的要求相容。別忘了一九八〇年代學者曾以「儒家文化圈」解釋亞洲四小龍的成功故事。

因此作者在本書中提出的「萬有理論」，不妨視為一個方便工具，提醒我們經濟成長與不平等都是複雜的問題，不能輕易化約成一張「食譜」。在這一方面，本書是成功的範例。

| 前言 |

人類旅程待解的謎團

　　美國布朗大學內某棟威尼斯哥德式建築上，一隻松鼠一溜煙爬過窗檻。途中牠短暫停下，好奇地窺視一個怪人，此人正在花時間寫書，卻未把精力用在正業：覓食上。這隻松鼠的祖先，千百年前便在北美的原始森林裡四處跑跳。牠跟牠的遠祖，也跟當前散布世界各地的松鼠一樣，大部分時間用在採集食物、躲避要吃牠的動物、尋覓配偶、找地方躲避不穩定的天氣。

　　其實從近三十萬年前，智人（*Homo sapiens*，或譯現代人）以獨特物種出現以來，人類存在的大部分期間，基本的生活重心與松鼠相差無幾，都是生存和繁衍。人類生活水準始終不脫勉強維生，儘管幾千幾萬年過去，無論在地球各地，幾乎都沒有改變。可是令人費解的是，就在過去幾世紀，人類的生存模式發生劇烈變化。從歷史角度看，人類幾乎在一夕之間就經歷了生活品質史無前例的戲劇性進步。

　　假設在二千年前耶穌時代，耶路撒冷有些居民走進時光機，穿越到一八〇〇年鄂圖曼帝國統治下的耶路撒冷。他們必然會對壯觀的新城牆、多出許多的人口以及採行的創新措施感到讚嘆。十九世紀的耶

路撒冷，儘管與羅馬帝國時代的耶路撒冷差別很大，不過這些時光旅客要適應新環境相對容易。不可否認，他們必須遵循新的文化規範，調整本身行為，但是他們應該能夠繼續從事原本在西元一世紀初所做的行業，謀生不會有困難，因為在古代耶路撒冷學到的知識技能，邁入十九世紀依舊用得上。他們也會發現，所受到的危險、疾病、天然災害威脅，與羅馬時代無異，平均壽命也幾乎未變。

可是請想像，那些時光旅者如果再回到時光機，瞬間來到我們當代，只向前走了二百年，到達二十一世紀初的耶路撒冷。他們會嚇得目瞪口呆。他們的技藝如今已淘汰不見，正規教育是大多數職業的必備條件，看起來像巫術的技術成了日常必需品。此外，眾多過去的致命疾病已絕跡，平均壽命立刻加倍，因此需要截然不同的心態，並對人生做更長久的打算。

這兩個時代間的鴻溝，令人難以去想像我們才離開不久的世界。十七世紀英國哲學家霍布斯（Thomas Hobbes）曾直言不諱地說，人生**齷齪、殘酷、短暫**。❶ 當時有四分之一的新生兒，未滿周歲便死於饑寒和各種疾病，婦女常死於分娩，平均壽命很少超過四十歲。那個世界在太陽下山後是一片黑暗，男女和兒童必須花很長時間取水運回家中使用，他們很少洗澡，冬天有好幾個月家裡煙霧瀰漫。當時人們多半住在疏落的鄉村裡，很少人敢離開出生地，只靠低劣單調的飲食維生，也不會讀寫。在那種慘澹時代，發生經濟危機時，不是勒緊褲帶就好，而是會有不少人挨餓、死亡。許多現代人煩惱的日常難題，比起不是很久以前的祖先，他們所面對的苦難和悲劇，可說是小巫見

大巫。

　　我們一般向來認為，在整個人類史上生活水準是逐步向上提升的。這並非真實情況。技術的演進確實大致上屬漸進過程，隨時間逐步加快，但是這並未使生活條件相對獲得改善。過去數百年，人類生活品質驚人的提升，其實是突變的產物。

　　幾世紀前，大部分人還過著與數千年前久遠的先祖、也與地球上其他人相仿的生活，與他們當代的子孫不可同日而語。十六世紀初，英格蘭農民的生活條件相似於十一世紀的中國農奴、一千五百年前的馬雅小農、西元前四世紀的希臘牧民、五千年前的埃及農人和一萬一千年前的耶利哥牧羊人。可是自進入十九世紀以來，比起人類整個存在期間，不過一剎那，平均壽命即延長一倍多，大部分已開發地區的人均所得更大漲二十倍，整個地球也成長十四倍（圖1）。❷

　　其實這種持續改善太過徹底，使我們往往看不出，相對於史上其他時候，這段時期有多麼特殊。要如何解釋這**成長的謎團**（Mystery of Growth）：過去數百年內，人類生活品質在健康、財富、教育等方面歷經了令人無法想像的轉變，使得自智人出現以來，在這些層面所有其他的改變都相形見絀？

　　一七九八年英國學者湯瑪士・馬爾薩斯（Thomas Malthus）提出看似可信的理論，指出有一種機制，使得生活水準自遠古起便停滯不前，並有效阻擋社會脫離貧窮牢籠。他主張，每當社會透過技術創新，使糧食增產而有餘裕時，生活水準便會提高，不過那往往只是一時，因為生活水準提高必然導致生育率上升，死亡率下降。等隨之而

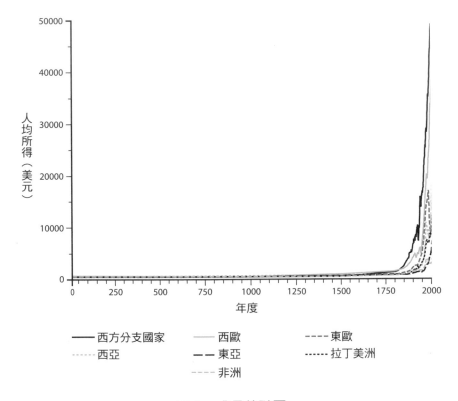

圖 1　成長的謎團

世界各地的人均所得，在停滯萬千年後，到過去兩百年間突然暴增。❸

來的人口成長耗盡多餘的糧食，生活條件又會回到勉強餬口程度，社
會也像創新前一樣貧窮，這只是時間問題。

確實在人稱馬爾薩斯世（Malthusian epoch）期間——指近年來戲
劇性大躍進之前的整個人類歷史——科技進步的果實主要都導向更
多、更密集的人口，對人類的長期繁榮作用很小。人口雖然增加，生
活條件卻停滯不前，始終在勉強餬口的邊緣。各地區技術精進與土地

生產力的差異，反映在不同的人口密度上，不過對生活條件的影響大都很短暫。諷刺的是，就在馬爾薩斯完成其專著，並宣稱這種「貧窮陷阱」將無限期持續下去之際，他指出的機制卻突然消失，發生由停滯到成長的突變。

人類是如何逃脫這貧窮牢籠？停滯的時代如此漫長，根本原因何在？造成經濟冰河時代亙古不斷，以及人類賴以脫離它的那些主宰力量，是否有助於理解當前全球各地的生活條件如此不平等的原因？

在以上信念和相關證據激勵下，我們為理解各國財富無比懸殊的原因，必須找出人類整個發展過程背後的主要驅力，為此我提出一種統整的理論，設法涵蓋人類的整個歷程。❹從解說是哪些力量主導停滯的時期轉向生活水準持續成長的年代，我們可以發現形成各國命運的久遠足跡。

本書旅程的第一段，我們將探索成長的謎團，著重於史上大部分時期，使人類限於勉強生存的機制，以及最終使某些社會得以突破生存牢籠的力量，從而實現今日全球許多居民可享有前所未見的繁榮。我們的行程將從人類本身的起點開始：近三十萬年前智人在東非出現，然後追蹤人類歷程的重要里程碑：數萬年前智人自非洲向外移居，人類向各大洲散布，然後是社會由狩獵採集部落，轉變為定居式農業聚落，以至於較近期的工業革命（Industrial Revolution）和人口大轉型（Demographic Transition）。❺

人類歷史充滿數不清又極有趣的情節：偉大文明的興衰；雄才大略的帝王率軍征戰與敗亡；藝術家創造感官饗宴的文化瑰寶；哲學家

科學家促進對宇宙的認識；還有默默生活的無數社會與億萬生命。在這茫茫的歷史大海中，你很易於隨波逐流，受浪濤所衝擊，卻對海底強大的潛流一無所知。

本書正是要探討和指出這些潛流：主宰人類發展進程的各種力量。書中將說明，這些力量如何在人類歷史過程中，即使不被看見，仍不間斷地發揮作用，還有漫長的經濟冰河時代，如何逐漸加快腳步，直到終於在工業革命期間，技術進步的速度超越了臨界點，此後個人為了有能力適應多變的技術環境，基礎教育成為不可或缺。生育率開始下降，生活水準的成長，不再受限於人口成長的反平衡作用，由此開啟綿延不斷的繁榮，並且至今仍在強力攀升。

本書探討的重心是人類在地球上永續生存的問題。在馬爾薩斯世，不利的氣候條件及疫病會造成人口毀滅性大減。而如今，成長過程影響到環境惡化及氣候變遷，不免引發對人類如何永續生存，避免過往毀滅性人口災難等重大關切。人類歷程給我們充滿希望的前景：不久前世界到達臨界點，帶來生育率持續下降，「人力資本」加速形成，技術加快創新，這些發展可以幫助人類緩解有害效應，對人類長久永存極為重要。

令人費解的是，近幾百年猛力上衝的繁榮富足，卻只發生在世上某些地方，引起人類獨有的第二次大轉變：社會出現嚴重不平等。有人或許以為，這種現象主要起因於，世界各地脫離停滯時期的時間不一樣。西歐國家及其後裔在北美、大洋洲建立的國家，早在十九世紀初，就經歷了生活水準大躍進，可是亞洲、非洲、拉丁美洲大部分地

區，一直延遲到二十世紀後半，才見到生活條件改善（圖2）。有些
地方轉型早，有些地方晚，究竟是什麼原因造成的？

　　成長的謎團解開後，我們在本書的第二部分，就得以掌握**不平等
的謎團**（Mystery of Inequality）：過去二百年不同社會的發展途徑各

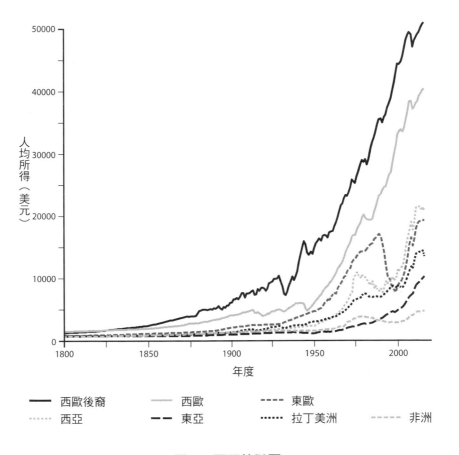

圖2　不平等謎團

過去兩百年世界各地區人均所得差異 ❻

異，各國的生活水準差距有增無減，其背後的根源。為揭開這種全球不平等背後深植的因素，我們需要反轉行進方向，邁出大步追溯很久以前的歷史，最後回到歷史的開端：智人在數萬年前走出非洲。

　　我們要探討出現在遠古過去的體制、文化、地理、社會因素，它們推動各個社會在獨特的歷史軌道上前進，影響各個社會脫離停滯時期的時機，並導致國家之間貧富不均。在歷史上偶發的重要關頭，體制改革有時造成各國走上不同道路，時間一久便產生分歧。同理，獨特的文化規範影響所及，促成歷史的大齒輪在世界各地朝不同方向運轉。❼

　　然而根植於久遠過去的更深層因素，往往是形成文化規範、政治體制、技術轉變的基礎，它們主宰著社會興盛繁榮的能力。例如土壤合宜及氣候特徵等地理因素，促成有利於成長的文化特徵：合作、信任、性別平等、前瞻性心態等流傳下來。適於大型農場的土地，則促成剝削與奴隸制，使壓榨式政治體制應運而生，屹立不搖。疫病多的環境，對農業和勞動生產力、對教育投資、對長期繁榮，都有負面影響。激勵人類轉向定居農業聚落的生物多樣性，也對前工業化時期的發展過程具正面作用，可惜當社會進入現代，這些有利的力量卻消失。

　　不過在現代體制與文化特徵背後，還潛藏著另一個因素，與地理因素同樣都是經濟發展的基本動力，那就是各個社會內部的多元化（diversity，或稱「多樣性」）程度，它促進創新，卻有不利於社會凝聚力的副作用。我們為探討地理特點的角色，將回到一萬二千年前

農業革命初起時。我們為檢視多元化的前因後果，會更往前走，來到數萬年前，人類首次邁開大步走出非洲。

　　嘗試闡述人類歷史的核心動力，並非本書首創。偉大思想家如柏拉圖（Plato）、黑格爾（Hegel）、馬克思（Marx）等都曾主張，歷史是按照無可避免的宇宙法則開展，但他們經常無視於社會形塑本身命運這部分。❽ 相形之下，本書既不會斷言人類勢必朝烏托邦或反烏托邦前進，也不會聲稱對人類旅程的方向及其後果，引伸出什麼值得期待的道德洞見。這麼說已足矣：生活水準持續進步的現代，很難等同於沒有社會、政治紛擾的伊甸園。諸多的不公不義從未間斷。

　　因此，為理解各國財富不均大到無法估量的終極原因，並為減輕差距助一臂之力，本書的目的在以跨學科、有科學根據的敘述手法，忠實呈現智人出現以來的人類社會演進過程。依據視科技發展為進步的文化傳統，❾ 就全球各社會的總體軌跡而言，自本書探討所得出的前景基本上可說是充滿希望。

　　我雖然把重點放在人類歷程的大局上，可是並不打算輕輕帶過社會內部及社會之間的嚴重不平等。我要讓人們了解，哪些行動能夠消解貧窮和不公不義，促進人類全體繁榮，使人人都能出一份力。我將論證，儘管人類旅程背後的重大力量仍會無情地繼續運作，但是教育、容忍和性別更為平等，將是未來幾十年、幾百年人類持續興盛發展的鎖鑰。

第一篇

———

偉大的人類旅程

| 第一章 |

最早的足跡

爬著蜿蜒的山路，前往位於現代以色列的迦密山洞穴，不難想像史前時代這一帶的壯麗環境。地中海型氣候應是四季宜人，氣溫只會小幅變動。附近青翠的山谷裡，穿山越嶺曲折流過的溪流，應是飲用水的來源。山脈旁的森林應適合狩獵鹿、瞪羚、犀牛、野豬。再向外，在毗連狹長海岸平原及撒馬利亞山脈的開闊荒野地帶，應生長著史前品種的穀物及果樹。四周的溫暖氣候、多樣性生態及生食材料，應使迦密山洞穴成為萬千年來，無數狩獵採集族群的理想家園。這些古代洞穴，如今是聯合國教科文組織（UNESCO）的人類演化世界遺產，從中挖掘出的遺物確實證明，在數十萬年間，這裡曾有一連串史前人類棲息地，同時智人與尼安德塔人（Neanderthals，譯注：遺跡最早在德國尼安德河谷被發現的史前人類）可能曾經相遇，引人遐思。❶

在此地和世上其他遺址的考古發現，顯示遠古及早期現代人類，是緩慢但持續學會新技能，善於用火，打造出越來越精細的刀刃、手斧、黑燧石及石灰石工具，也創作藝術作品。❷ 這些文化與技術進

步，逐漸成為人類特徵，使我們有別於其他物種，而關鍵的推力之
一，是人類腦部的進化。

創世紀

人類的腦部非比尋常：容量大且經壓縮，比所有其他物種的腦部
都複雜。人腦的大小在過去六百萬年裡長大三倍，這種變化大都發生
於二十至八十萬年前，以智人出現前為主。

在人類歷史的長河中，人腦的能力為何能擴展到如此強大？答案
乍看之下或許不言而喻：頭腦發達顯然使人類可以達到地球上沒有其
他生物辦得到的安全與繁榮水準。然而，事實真相要錯綜複雜得多。
要是像人腦那樣的腦部，真的如此明確有益於生存，那其他物種經過
數十億年演化，為何未發展出類似的腦部？

我們暫且來看看其間的差別。以眼部為例，它是沿幾條演化路徑
獨立發展。有脊椎動物（兩棲類、鳥類、魚類、哺乳類、爬蟲類）的
眼部，頭足類動物（烏賊、章魚、墨魚）的眼部，還有較簡單形式：
單眼，見於蜜蜂、蜘蛛、水母、海星等無脊椎動物。所有這些物種的
共同遠祖，生存於超過五億年前，牠似乎只具有基本的感光器官，可
分辨明暗。❸ 然而，精準的視力對不同環境可提供獨特的生存優勢，
於是不同物種各自對其棲息地做出獨特的適應，有些便獨立演進出複
雜的眼睛。

這種現象稱為**趨同演化**（convergent evolution），就是不同物種

各自演化出相似的特徵，而非來自共同祖先的既有特徵。眼部之外的例子不勝枚舉，像是昆蟲、鳥類、蝙蝠都有翅膀，魚類（鯊魚）與海生哺乳類（海豚）為適應水下生活而體形類似。顯然不同物種是各自發展而獲得近似的有利特徵，但是能夠創作文學、哲學、藝術傑作，或發明耕犁、輪子、指南針、印刷機、蒸汽引擎、電報、飛機、網際網路的頭腦，卻是例外。這種頭腦只演化過一次，在人體上。這麼強大的腦部，具有明顯的優勢，為何在自然界絕無僅有？

　　這個謎題的解答，有部分要歸咎於腦部的兩大缺點。一來人腦需消耗龐大能量。它只占人體二％的重量，卻要消耗二〇％的能量。其次人腦很大，使新生兒頭部很難通過產道。因此比其他動物的腦部，人腦更壓縮或更「褶皺」，並且人類嬰兒出生時，腦子只有「半熟」，需要好多年的微調才能成熟。所以人類嬰兒無生活能力：許多動物的幼兒出生後不久就會走路，也很快就能自己覓食，人類卻需要兩年時間才能穩穩地走路，至於物質上自給自足，還要很多年。

　　既然有這些缺點，那當初是什麼因素導致人腦的發展？研究者曾認為，或許有數種力量共同促成這一過程。**生態假說**（ecological hypothesis）主張，人腦是出於人類暴露在環境挑戰下而進化。當氣候起伏不定，附近動物的數量隨之增減，腦部較發達的史前人類更能夠找到新的食物來源，設計捕獵採集策略，發展烹煮及儲存技術，使他們在棲息地生態條件不斷變動下依舊能夠生存並興旺。❹

　　反之，**社會假說**（social hypothesis）主張，在複雜的社會結構中日益需要合作、競爭、交易，這促成更精進的腦部，才更有能力去理

解他人的動機，預期他人的反應，於是成為演化優勢。❺ 同理，能夠說服、操弄、恭維、敘述、娛人，這些都有利於個人社會地位，也有它本身的好處：刺激大腦發展及說話、論述能力。

　　文化假說（cultural hypothesis）則強調人類吸收及儲存資訊的能力，使資訊能夠代代相傳。依此觀點，人腦的獨特優勢之一是能夠有效率地學習他人經驗，養成有利的習慣與偏好，不必仰賴緩慢許多的生物適應過程，即可促進在各種環境下存活。❻ 換言之，人類嬰兒雖然身體上無能為力，但是頭腦裡備有獨特的學習能力，包括能夠領會及保留，曾幫助祖先存活、也將協助後代興盛的行為規範，那就是文化。

　　另一種可能進一步推動腦部發展的機制，是**性選擇**（sexual selection）。即使對腦部本身沒有明顯的演化優勢，但人類也許形成了對頭腦較發達的配偶的偏好。❼ 這些先進的頭腦或許具有對保護及養育子女很重要的隱形特質，有意找這種配偶的人，從可辨認的特徵像是智慧、口才、思慮敏捷或幽默感，能夠推斷出這些特質。

　　人類獨有的進步以人腦進化為主要推力，尤其在於它有助於帶來**技術進步**：以日益精進的方式，把周遭自然物質及資源轉為我們所用。技術進步又塑造繼起的演化過程，使人類得以更成功的適應不斷變動的環境，從而進一步推動新科技及加以利用。這種重複且具強化作用的機制引導著科技加速向前邁進。

　　尤其有人主張，越來越熟諳用火的早期人類開始烹煮食物，因而減少咀嚼和消化所需的能量，以致熱量充裕，並空出原本由顎骨和肌

肉占據的頭顱空間，更加刺激腦部成長。❽ 這種良性循環或許促進烹飪技術更多創新，繼而又使腦部進一步成長。

不過腦部並非人類與其他哺乳類唯一有別的器官。人的手也是其一。與腦合作的雙手，也在一定程度上為回應技術而演化，尤其受益於製作及使用狩獵工具、針、烹飪器皿。❾ 特別當人類長於雕刻石頭、製作木矛等技術時，能夠強力使用並正確加以改良的人，存活的可能性就增加。擅長狩獵的人能夠更可靠地養家活口，扶養更多子女長大成人。相關技能的世代傳承，使人口中能幹的獵人比例增加。再來，進一步創新的好處，如更堅硬的矛和後來更強的弓、更尖的箭等，又提高狩獵技藝的演進優勢。

類似性質的正面回饋循環，見於整個人類歷史：環境變遷與技術創新，促進人口成長，引發人類去適應變化中的棲息地和新工具，這些適應增強人類操縱環境、創造新技術的能力。在後面會看到，這種循環是理解人類歷程，解開成長謎團的關鍵。

自人類的搖籃出走

數十萬年來，人類以一幫幫小狩獵採集團體，徜徉於非洲，一路上發展出複雜的技術、社會和認知能力。❿ 隨著史前人類的狩獵採集技能更進步，非洲肥沃地帶的人口顯著增加，終至縮減每人可分到的生存空間和自然資源。於是一旦氣候條件允許，人類便開始向外發展，到其他大陸尋找更多肥沃的土地。

　　直立人（*Homo erectus*）可說是人類物種中最早的狩獵採集者，他們在近二百萬年前向歐亞大陸擴展。目前在非洲以外發現的最早的智人化石，距今二十一萬年（發現於希臘），還有距今十七萬七千年至十九萬四千年（發現於以色列北部迦密山）。⓫ 但是這些最早離開非洲的現代人類，其後裔似乎因為冰河期不利的氣候條件，或滅絕或退回非洲。⓬

　　然後在非洲，約十五萬年前，所有現存人類最近的（母系）祖先粒線體夏娃（Mitochondrial Eve）出現。當時在非洲當然有無數的女人，可是她們的後代都滅絕了。目前地球上所有的人類都是這個非洲女人的後裔。⓭

　　這個普遍公認的「走出非洲」（Out of Africa）假說指出，解剖學上的現代人，目前在全球的人口絕大多數都衍生自早在六萬到九萬年前的大遷徙，即當時的智人向非洲以外遷徙。⓮ 人類經由兩條路徑湧向亞洲：北邊經尼羅河三角洲和西奈半島，到達地中海東岸的黎凡特，南邊經紅海口曼德海峽，進入阿拉伯半島（圖3）。⓯ 第一批現代人類在七萬年前來到東南亞，⓰ 四萬七千至六萬五千年前來到澳洲，⓱ 近四萬五千年前來到歐洲。⓲ 他們在約二萬五千年前，定居於白令陸橋，並在一萬四千至二萬三千年前的數次更新世冰河時代（Pleistocene Ice Age），跨越白令海峽陸橋，更深入美洲大陸。⓳

　　這幾波移出非洲潮，促使人口在地球上各地增長，並走向多樣化。當史前人類定居於有利的新生態棲位，便享有新的狩獵採集地，於是開始更快速的繁殖。同時為適應各種不同的新環境，人類與技術

都變得更多元，導致各種創新的散播和激盪，並促使人口進一步成長。

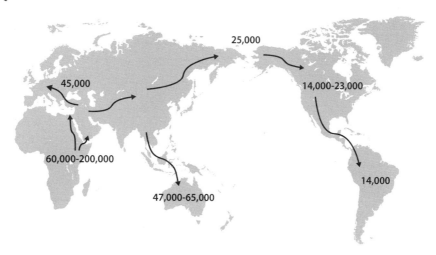

圖 3　非洲智人向外遷徙
估計智人出走的路線及距今大約年數
（因新發現而經常修正）

　　不過人口成長最後導致與最早促使人類移出非洲的相同原因：肥沃土地不足。儘管人類有新工具和新技術，但是生活水準又逐漸回復到勉強維生的程度。養不活越來越多的人口，加上氣候變遷，最終引得人類去探索另一種生計模式：農耕。

開始定居

　　近一萬二千年前，在最近一次冰河期後，氣候逐漸變暖，智人經歷了一次戲劇化的轉變。世界各地的人類逐步由遊牧式流浪，轉換為

定居式生活，並開始在藝術、寫作、科學、技術上有長足的進步。

興盛於黎凡特的納圖夫文化（Natufian culture，西元前一萬三千至九千五百年）的證據指出，在某些地方人類是先轉向永久定居，然後才開始農耕。納圖夫人雖然以狩獵採集為主，但是他們住在穩定的居所，通常以石頭為地基，上面用樹枝蓋屋舍。每個定居聚落最多有數百人，他們會外出遠征打獵，也會採集本地野生作物。❷ 不過當時世上大多數人口，定居的主要誘因是轉向農業。

農業革命又稱新石器革命（Neolithic Revolution），最早出現於肥沃月彎（Fertile Crescent），那是地中海東岸，沿底格里斯河和幼發拉底河的繁茂地帶；還有埃及尼羅河三角洲一帶，這裡有眾多可馴化的動植物品種。農業在約一萬年前獨立出現於東南亞，然後從這些個別地區很快散播到歐亞大陸。農耕法快速遍布於這片廣大的地域，多虧歐亞二大洲呈東西走向，同時動植物和技術沿緯度相似的路線傳播，並未遭遇重大天然阻礙而順暢可行。

相形之下，如美國地理兼歷史學者賈德‧戴蒙（Jared Diamond）在獲普立茲獎的著作《槍炮、病菌與鋼鐵》（Guns, Germs and Steel）中指出，非洲撒哈拉沙漠以南（sub-Saharan）及美洲，可馴化的動植物品種少得多，因此轉型到農業延遲許久。❷ 儘管中美洲和某些非洲地區農業開始得早，可是農耕法傳播較慢，因為這些區域是南北走向，造成重大的氣候與土壤差異。再者撒哈拉沙漠和中美洲大多難以穿越的熱帶雨林，都是農業普及過程的天然阻礙。

然而經過數十萬年辛苦緩慢的技術與社會演變後，由狩獵採集

部落轉為農業社會，由遊牧生活轉為定居生活，這個過程在數千年內
及於大多數人類。新石器革命時代，全球各地人類馴化了各種各樣的
野生動植物。小麥、大麥、豌豆、鷹嘴豆、橄欖、無花果、椰棗樹，
還有綿羊、山羊、豬、鴿等，最早馴化於肥沃月彎。葡萄和石榴是外
高加索區。中國是水稻、水牛、桑蠶，東南亞是鴨。印度次大陸有芝
麻、茄子、犛牛。非洲有高粱、甘薯、咖啡、驢子。新幾內亞有甘
蔗、香蕉；美洲大陸有玉米、豆子、南瓜、馬鈴薯、火雞、駱馬、羊
駝。❷

　　在人類故事中非常重要的是，農業社會受惠於重大技術優勢，並
且持續數千年。農業社會不同於狩獵採集部落，能夠生產更多的農牧
產品，扶養日益增多的人口。農業社會比狩獵採集部落規模更大，條
件更好，逐漸向各大洲擴散，終至取代並吸收非農業社群。

　　同時各農業社會內部的交易增多，使個人獲得自由，可以專精於
特定行業，例如當農夫、陶匠、織匠、工匠、工具師或商人。從此漸
漸衍生出不同的社會階層，包括特別重要的不生產食物階級，致力於
創造知識。綜合人類隨後在藝術、科學、寫作、技術等方面的進展，
預示了文明即將來臨。

文明的曙光

　　大多數農業社會最初維持著新石器革命之前盛行的社會架構。
這些小型部族式社會有緊密交織的親屬關係，靠凝聚力促進合作及排

解糾紛。族長會執行社會規範，鼓勵合作，但極少出現顯著的社會階層，並且幾乎人人都務農或畜牧。

　　不過隨著聚落規模擴大，人口更為密集，產生更多不同的行業，在在超出親族能力範圍之外，需要更廣泛的合作。為因應這種需要，出現複雜的政治與宗教體系，使我們的祖先得以從事規模大很多的協作，建立龐大的灌溉系統、雄偉的廟宇、令人生畏的堡壘和軍隊。❷③全新的社會階層應運而生，有統治者、貴族、教士、藝術家、工匠、軍人等。

　　世上最早有人聚居並持續至今的地點之一耶利哥，約自西元前九千年開始擴張，一直持續到進入聖經時代很久。那裡有密集擁擠的房屋、眾多工具及禮器，居民有一千至二千人，周圍有三‧六公尺高的石牆，牆邊建起八‧五公尺高的塔樓。❷④肥沃月彎第二個重要定居地加泰土丘（Çatalhöyük，西元前七千一百至五千七百年）是陶器、燧石、黑曜石工具和奢侈品的地區交易中心。它位於現今土耳其的安納托利亞，其遺址有一排排帶裝飾的泥磚屋，屋屋相連，供最盛時期約三千至一萬人居住，他們種植小麥、大麥、豆莢、芝麻、杏仁、開心果，飼養綿羊、山羊、牛等家畜。

　　四千至六千年前，古代大多數大城市，最初都興起於幼發拉底河、底格里斯河、尼羅河等河岸。其中包括古代蘇美及阿卡德文明的中心：烏魯克（Uruk）和烏爾（Ur），當時居民曾多達近十萬人，還有古埃及的孟菲斯。❷⑤再來有中國，接著是印度和希臘，約在三千三百年前，有城市達到與肥沃月彎主要大城同樣的規模，北非迦太基

也在一千年後達到同等水準。有趣的是，直到二千年前才有歐洲城市
羅馬，成為全世界第一大城，更要到二十世紀才有美洲城市：紐約，
成為全球人口最多的城市。

　　人類旅程中這個轉捩時刻，同樣也是受技術進步所刺激，並促成
更多進步。此時創新突然加快腳步，造成更多動植物被馴化，也改良
了耕種、儲藏、交通運輸。陸續出籠的耕種法，有用鋤頭，用手及後
來動物推動的耕犁，有灌溉系統，最後是梯田。人類社會擅長用火來
為泥土及金屬加工，並使用這些材料加上水泥，來建造住房、工具、
穀倉。人們學會利用水力研磨穀物，為馴化的馬、驢、駱駝加上鞍
座，騎著四處行走，又借風力飄洋過海。自耶利哥人蓋起可怕的八‧
五公尺瞭望塔，五千五百年後，埃及人蓋起吉薩大金字塔，一開始便
高達一四六‧五公尺。

　　此外書寫技術最早出現於五千五百年前，美索不達米亞
（Mesopotamia，譯注：即幼發拉底河、底格里斯河所在的兩河流
域）南部的蘇美文明。五千二百年前，大致獨立地出現於埃及，三千
三百年前出現於中國，早在二千五百年前也自發出現於中美洲。書寫
最早是為記帳和記錄所發明，後來是為喪葬銘刻之用。但很重要的
是，書寫也使社會得以保存有用的知識，傳給後代，並鞏固凝聚社會
的神話。

　　與再之前的技術演變一樣，新石器革命不但改變人類的生活方
式和工具，也因而刺激人類對新環境的生物性適應。基因與文化共同
演進最好的例子，也許是乳糖酵素的存活率這項由馴化動物帶來的適

應。這種酵素對消化乳製品所含乳糖不可或缺。史前人類如同其他哺乳類只在嬰兒期分泌乳糖酵素。可是早在六千至一萬年前，西亞、歐洲、東非出現的人類變種可持續分泌乳糖酵素，因此過了嬰兒期仍可飲奶。❷ 尤其住在這些地區的養牛養羊社會，能分泌乳糖酵素的成人便可把牲口當作攜帶方便、可再生的食物來源。由此產生的進化優勢，使這種特徵久而久之，在當地人口中更為盛行。於是英倫諸島及北歐，九〇％以上的成人具有乳糖耐受力，而在東亞社會，這個比例驟降至一〇％以下，傳統上東亞經濟並非以飼牛養羊為主。❷

　　動物奶並非人類演進後唯一食用的天然產物。類似的變異使人類可以消化澱粉，於是麵包進入人類飲食中。人類的調整也不限於飲食類別擴大。人口密度增加和動物馴化，導致傳染病流行，隨之產生抵抗力，也使得某些社會天生對瘧疾具免疫力。❷

　　農業革命因而催生了技術改變與人類適應相互增益的循環。由人口成長及氣候變遷所引發、依地理環境而形成的技術大轉型於焉誕生：人類與環境的物質關係徹底改變，有更多馴化動植物為人類所用。這次技術大轉型，社會及生物性適應是因也是果，人類對技術的依賴也更深。這種循環自始至終是一股基本力量，人口因為它而大增，人類藉著它控制生存環境，智人因此變成地球上的主宰物種。

　　然而正如剛開始所提到，儘管知識與技術有如此長足的進步，但是就壽命長短、生活品質、物質舒適及繁榮程度而言，人類的生活水準不知為何卻大都停滯不前。為解開這個謎團，我們必須更深入探討停滯的源頭：貧窮陷阱。

| 第二章 |

停滯的迷霧

　　馬爾薩斯是十八世紀的教士，出身於英國社會菁英階級的富裕家庭。他是具影響力的學者，十分反對同時代哲學家的理想主義，如威廉・戈德溫（William Godwin）和尼古拉・德孔多塞（Nicolas de Condorcet）兩位啟蒙時期的傑出人物，展望人類未來前途，必然是邁向理想社會。一七九八年馬爾薩斯發表《人口論》（*An Essay on the Principle of Population*），在書中對這些盛行一時、在他認為卻屬幼稚的觀點深表懷疑。他提倡悲觀的論點，指人類永遠無法繁榮，因為人類有任何收穫，最後都會被人口成長消耗殆盡。

　　馬爾薩斯對同時代的學者影響力相當大。當時某些最著名的政治經濟學家，如大衛・李嘉圖（David Richardo）和約翰・史都華・彌爾（John Stuart Mill），都因為他的主張而大大改變立場。卡爾・馬克思和弗里德里希・恩格斯（Friedrich Engels）卻攻擊他，指他忽視受階級支配的體制，如何造成人民生活普遍困苦，而進化論之父查爾斯・達爾文（Charles Darwin）與亞爾佛德・羅素・華萊士（Alfred Russel Wallace），則讚譽馬爾薩斯的著作，指曾受到其決定性影響，

才發展出他們本身極具影響力的論點。

　　如今回顧起來，馬爾薩斯對過往世界的描述完全正確。不過他對未來的悲觀預言事後證實完全錯誤。

馬爾薩斯論點

　　想像前工業時代有某村落，居民設計出更有效率，用鐵犁耕種小麥的方法，使生產麵包的能力大為提高。起先是村民的飲食改善，然後把多餘的麵包拿去交易，生活條件也會提升。食物充裕甚至能使他們減少工作，享有一些閒暇。不過馬爾薩斯嚴正指出，這些餘裕可使他們養活更多子女，一段時間後村中人口隨之增加。由於村中可種植小麥的土地必然有限，人口變多會逐漸導致每個村民配給到的麵包減少。生活水準先是升高，然後開始降低，直到村民分到的麵包回復原先的分量，生活水準才會停止降低。令人痛苦的是，技術進步到頭來只會使人口變多，卻不會變富裕。

　　所有生物都逃不出貧窮牢籠的手掌心。假設在某個島上住著狼群。全球冷化使海平面下降，露出通往另一座島的陸橋，那裡安頓著一群兔子。狼群獲得新狩獵地，獵物增多提高生活水準，並有更多幼狼長大成熟，導致狼口爆炸。有更多狼必須共享數量有限的兔子，使狼群生活又逐漸回到未冷化之前的水準，但是狼口卻穩定於較多的數量。享有更多資源，最後並未令狼群過得更好。

　　馬爾薩斯的假說是根據二個基本理論而來。一是資源（農產、漁

獲、狩獵採集所得）增加，使人類受生物、文化、宗教傾向所驅使，要繁衍後代，因此生養更多可存活的子孫，同時兒童因營養改善，夭折率降低。第二個基本理論是，只要生存空間有限，人口增長就會引起生活條件降低。照馬爾薩斯的說法，人口多寡會透過二種機制去適應可用的資源：一是**正面節制**，在人口增加超過糧食生產負荷的社會，因饑荒、疾病、資源爭奪戰發生的頻率變多，使死亡率上升；一是**預防性節制**，在糧食不足期間，透過晚婚及避孕，降低出生率。

前工業時代的技術進展，是否如馬爾薩斯人口論所說的，會使人口變多，卻不會更富裕？證據很明顯，他那個時代，技術精進確實與人口規模成正相關，但是有這種關係存在，並不代表技術會**影響**人口。事實上當時的技術進步，有部分是人口增加的**結果**，因為人口多的社會就有較多潛在發明家，對其發明的需求也較大。再者，或許有其他個別的文化、體制或環境因素，會帶動科技和人口同時成長，由此可解釋這兩者的正相關。換句話說，就是這種關聯本身，無法做為馬爾薩斯論述的證據。

幸好新石器革命提供有趣的方式，可以測試他的主張是否正確。戴蒙就令人信服地指出，有證據強烈顯示，較早發生新石器革命的地區，在技術上領先同時代的人，並持續領先數千年。❶ 因此我們從對某地區何時進行新石器革命的認知（或從當地被馴化動植物物種數量），可以推論其技術進步的程度。也就是說，在任何單一時間點，較早進行新石器革命的地區，預期其技術精進水準也較高。因此假設所有其他因素都相等，要是某地區先開始新石器革命，其人口**也**較

多、較富裕，我們便可有信心地下結論：這是當地技術進步水準的**結
果**。

　　我們採用這種方式，確實可以觀察在前工業時代，馬爾薩斯的機
制是如何運作。以西元一五〇〇年為例，因較早展開新石器革命，以
致技術水準較高，的確導致人口密度增加，對人均所得的影響卻微不
足道（圖4）。❷

　　同時另有證據顯示，土壤肥沃也有助於人口密度增加，但**不會**提
高生活水準。再以相同角度探究更早的時期，透露出一致到令人稱奇
的模式：技術進步及土地生產力較高，主要都是導致人口變多，但不
會更富裕，這意指在工業革命之前，世界各地的人生活水準大致差不
多。

農業勢必出現

　　歷史進程中的重大事件，根源或許看似令人費解，但馬爾薩斯的
機制提供了解答。有一個明顯的難題是，人類早期農業社會的遺跡並
未顯現健康或財富獲得改善，生活水準比起千百年前過著狩獵採集生
活的人反而是下降的。狩獵採集者顯然壽命較長，飲食較豐盛，工作
較不辛苦，傳染病也較少。❹ 那麼，早期的農人牧人為什麼要放棄相
對富足且較好的狩獵採集生活？

　　前面曾提到，史前人類自非洲向外移出，定居於有利的新生態棲
位，就可取用充裕的新資源，並可快速繁殖，卻不致降低生活條件。

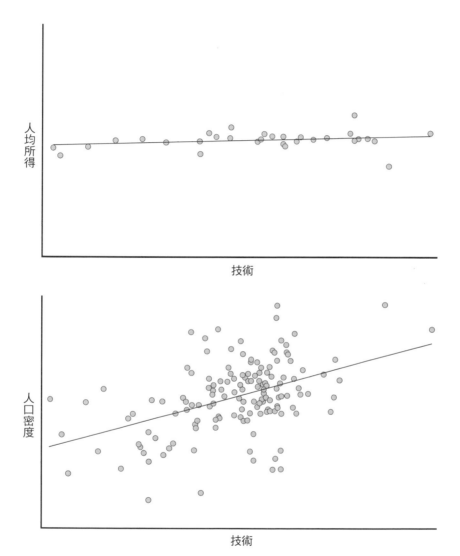

圖 4　西元 1500 年技術水準對各國人口密度及人均所得的影響

本圖顯示，根據西元 1500 年各國的差異，

技術水準（以新石器革命發生的時間推斷）對人口密度（下半部）有正面影響，

對人均所得（上半部）影響微乎其微

（每一圓圈代表以現代國際疆界畫出的地區）。❸

然而按照馬爾薩斯的機制，人口如此成長，終將抵銷掉變多的資源，因為有更多人要競爭同樣數量的野生動植物。儘管工具和技術進步，生活條件卻會逐步回復到原本勉強維生的程度。其實有些社會因人口過度成長，生活水準降低，情況比只是恢復原狀更嚴重，並有可能導致社會崩解。

在智人前的**遠古**人類從未定居、當地動物從未適應人類威脅的地區，這種情況尤其嚴重。像大洋洲及美洲等地，智人帶著先進武器到來，狩獵一時興盛無比，很快便使大多數大型哺乳類動物滅絕，迫使越來越多部落爭相奪取迅速減少中的資源。

人口快速成長，過度榨取資源，最終導致崩潰，有一個可悲的極端例子，見於彼此隔絕的玻里尼西亞部落。十三世紀初，定居在太平洋復活節島的部落即是其一。❺ 近四百年間，因島上植物多，捕魚水域廣，人口迅速擴張。玻里尼西亞人在此建立興盛的文明，雕刻令人讚嘆的著名摩艾（Moai）石像，最大的高達十公尺。可是人口成長後來對脆弱的當地生態形成越來越大的壓力。到要進入十八世紀時，復活節島的鳥類全被吃光，森林遭到破壞，使居民難以建造和維修漁船。由此產生的緊張，頻頻引發內部衝突，致使當地人口大減近八〇％。❻ 戴蒙在其著作《大崩壞》（*Collapse*）中曾描述類似的生態災難，分別發生於南太平洋皮特肯群島（Pitcairn Islands）、曾住在現代美國西南部的美洲原住民、中美洲馬雅文明和曾定居格陵蘭的北歐族。❼

在近一萬二千年前，肥沃月彎的狩獵採集社會遭遇過類似壓力。

食物充足，技術進步，支持人口成長，人口變多促使狩獵採集所得食物的人均分配逐漸減少，生活水準由暫時提高又回到勉強餬口。不過當地特有的生物多樣性，可馴化的動植物繁多，賦予這些社會在勉強維生模式以外，還有一個選項：採行農耕，復活節島的居民卻多半無此條件。氣候條件也有貢獻。❽ 在約一萬一千五百年前，最近的冰河時代結束，土地變得更適於農作，氣候卻更加不穩定，更有季節性。因此農業成為較安全的糧食生產策略，儘管其飲食品質較差，比不上狩獵採集那麼豐富，但是狩獵採集成果較難預測，而且來源日漸稀少。

　　肥沃月彎依靠農業的生存力，使它避開後來摧毀復活節島文明的生態危機，並能夠養活多出很多的人口。確實有些估計指出，一英畝土地可養活的農民牧民，比狩獵採集者多出將近百倍。❾ 當然農業社會的人口最後會穩定於更高的新水準，不過這次再回到勉強維生程度，其生活條件其實比**千百年前**的狩獵採集者降低許多，那時存在的有利生態棲位還沒有稠密的人口。不過與農牧者較接近的祖先，以那些狩獵採集者的生活水準相比，轉向農耕是百分之百合理，甚至可能是勢在必行；那其實並不代表退步。有趣的是，由很早期狩獵採集式富足的生活型態轉向農民擁擠而貧窮的生活水準，世上好幾種文化都有的失樂園神話，可能就緣起於此。

　　農業社會人口多，技術領先，比維持狩獵採集生活的群體更具競爭力，到最後農耕成為全球廣袤地域的主流。新紀元由此開展，再也回不去了。

人口增減擺盪

在新石器革命之後的時代，我們也能發現到，馬爾薩斯機制在人口變動上起了強大作用，人口會因劇烈的生態、疫病、體制動盪而變動。

人類史上最可怕的災難之一是黑死病，這是一種淋巴腺鼠疫，十四世紀最早爆發於中國，然後隨蒙古大軍和商人沿絲路西傳至克里米亞半島。由此再藉商船繼續向西，一三四七年來到西西里島美西納（Messina）及法國馬賽，然後如野火般燒向整個歐陸。❿ 一三四七至一三五二年，黑死病殺死四〇％的歐洲人口。在人口密集區致命率尤其高。僅僅數年內，巴黎、佛羅倫斯、倫敦、漢堡等等許多城市，失去半數以上居民。⓫

我們可以想見，黑死病固然造成揮之不去的心理創傷，倖存者失去許多親友，但是這種瘟疫不會毀壞小麥田或麵粉廠。所以在可怕的疫情過後，歐洲農民能夠恢復工作，並發現對農民勞力的需求高漲。土地亟需更多人手，一般工人很快便享有比黑死病爆發前更高的工資與更佳的工作條件。

在一三四五至一五〇〇年間，英格蘭人口由五百四十萬銳減到二百五十萬，實質工資卻增為二倍多（圖5）。工資上漲，生活水準改善，促使出生率上升，死亡率下降，於是英格蘭人口開始慢慢回升。但是一如馬爾薩斯的機制，人口成長最後導致平均工資下降，直到在三個世紀內，人口與工資都回復到黑死病爆發前的水準。

死神的勝利

義大利巴勒摩（Palermo）壁畫（1448 年）。❶❷

　　另一次人口大起大落，是在一四九二至一五〇四年，克里斯多福・哥倫布（Christopher Columbus）航行到美洲之後。美洲大陸豐富的作物如可可、玉米、馬鈴薯、菸草、番茄，對歐洲人都很陌生，他們便開始把這些運回歐洲。反過來則首度把香蕉、咖啡豆、甘蔗、小麥、大麥、稻米等作物帶到美洲。

　　馬鈴薯約在一五七〇年抵達歐洲，很快便成為歐式菜餚的主食。馬鈴薯尤其對愛爾蘭影響很大，很受當地維生不易的農民歡迎。這種作物特別適合愛爾蘭的土壤和氣候；很快地農民的收入就增加，有時

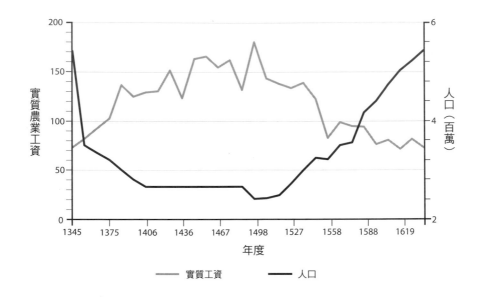

圖 5　黑死病對英格蘭工資與人口的影響

英格蘭人口在 1348 年黑死病爆發後銳減，使實質工資一時上漲，
當人口在 1615 年反彈到疫情前水準，工資也回復舊觀。❸

　　甚至可以使他們存夠錢，買新牲口。❸ 率先種植馬鈴薯的農民攝取的
熱量及生活品質都大幅提升。

　　可是依照馬爾薩斯的理論，這只是短暫的改善。愛爾蘭引進馬
鈴薯後，人口由一六〇〇年一百四十萬，到一八四一年增至八百二十
萬，生活水準則仍接近勉強維生。❹ 其實情況還演變到比原來更糟。
一八〇一至一八四五年，國會成立過無數委員會為此辯論；大部分的
結論是，愛爾蘭人口快速增加及生活條件崩壞，使國家瀕臨災難邊
緣，因為當時許多愛爾蘭人完全靠馬鈴薯維生。❺ 最糟的是只依賴一

種品種的馬鈴薯。

　　愛爾蘭的報紙自一八四四年開始報導，新病菌：晚疫病（late blight）正肆虐美國的馬鈴薯作物。那種病菌很快便搭乘美國貨船，抵達歐洲各港口。由港口再散播到農田，破壞比利時、南英格蘭、法國、愛爾蘭、荷蘭的作物。據估計，一八四五年愛爾蘭有近半數馬鈴薯枯萎，一八四六年更達四分之三。愛爾蘭種植的馬鈴薯不夠多樣化，農民並無其他品種來取代已毀壞的收成。英國政府政策鼓勵依賴單一品種在先，此時又拿不出有用的干預或救濟措施，大量人民挨餓便難以避免。在大饑荒（Great Famine）期間（一八四五至四九年）約有百萬人，大半是在貧窮的鄉間，餓死或死於斑疹傷寒及營養不良難以抵禦的疾病，另有超過百萬人移民到大不列顛及北美。有些地區失去三○％以上的人口。有些村莊全體村民都消失無蹤。如此在三百年間，引進優良作物，後遭破壞，呈現出來的是人口先增，後又可悲地銳減，不過到最後，生活水準大致不受影響。

　　從新世界引進作物的不限於歐洲人；中國人也引進了甘薯和玉米，那比馬鈴薯更適合中國的土壤。玉米在十六世紀中期經由三條路線抵達中國：北方從絲路，穿越中亞到甘肅省；西南經過印度、緬甸，到雲南省；東南藉著在太平洋沿岸做貿易的葡萄牙商船，到福建省。❻ 起初玉米散布得很慢，僅限於那三省種植。到十八世紀中葉才流行起來，進入二十世紀時，玉米已成為全中國的主食之一。栽種玉米對中國農業生產的影響之大，後世中國研究人員稱之為中國第二次「農業革命」。❼

　　有許多科學學門會進行對照實驗（controlled experiments），藉著測量某個特定因素，譬如新藥或疫苗，對實驗組（服藥、打疫苗）及對照組的效果，以便研究人員斷定這個因素的影響。但是對歷史事件，我們無法使時光倒流，好讓某些人暴露（其他人不暴露）於某種後果，以檢驗其長久的影響。不過我們可以借用**類自然歷史實驗**（quasi-natural historical experiments）：即重建接近實驗室條件的歷史場景，使我們得以針對特定因素或事件去比較暴露在其中者，以及對等的對照組（未暴露者）所受到的影響，由此去推斷其作用。❶⓱ 玉米在不同時期到達中國不同省分便提供這樣的類自然歷史實驗，可以在一國內而非跨國來測試馬爾薩斯的主張。

　　根據馬爾薩斯的理論，我們應該發現，中國最早引進玉米的省分，人口到最後會比晚引進的省分更密集，但是人均所得或經濟發展不會更高。不過僅止比較各省的人口密度和生活水準，用處不大，因為早引進與晚引進的省分，可能有其他重要的差異，那些差異也會影響人口密度和生活水準。其實整個中國在這段期間經歷了其他重大轉變，那些轉變也可能在引進玉米之外，影響各省人口密度和生活水準。

　　反之，學者比較了前三個開始種植玉米的省分，與很久以後才種植玉米的省分，在人口密度及經濟繁榮上的長期**變化**。比較「差別中的差別」，而非實際水準的差別，使我們得以排除可能引起混淆的因素。❶⓳ 結果的確與馬爾薩斯的假說一致，最早種植玉米的三省，在一七七六至一九一〇年，人口密度**成長**比他省多出一〇％，對工資水準

無明顯影響。整體而言，因引進玉米，促成中國總人口在這段期間成長約五分之一。

由此可見在馬爾薩斯世期間，糧食有餘或不足不會永久持續下去。引進新作物或技術將擴大人口增長率，減緩對經濟繁榮的影響，而長期經濟破壞造成的生態災難，最終因饑荒、疾病、戰爭等對人口的負面效應而得以避免。因此經濟冰河時代在所難免。

經濟冰河時代

新石器革命，加上一連串重大的文化、體制、科學、技術進展，對生活水準的經濟標準（人均所得）或生物標準（平均壽命），並未產生明顯的長期效應。人類跟其他物種一樣，存在的大部分期間都陷於困苦匱乏的陷阱，接近勉強存活的程度。

儘管有某些區域性差別，但是不同文明的人均所得，及非技術工人工資，數千年來只在很小的區間起伏。尤其有些估計指出，三千多年前，每一工作日的工資，在巴比倫相當於七公斤小麥穀粒，亞述帝國五公斤；到二千多年前，在雅典是十一至十五公斤；羅馬帝國下的埃及是四公斤。其實甚至在工業革命前夕，西歐各國的工資仍不出這狹隘的範圍：阿姆斯特丹十公斤小麥，巴黎五公斤，馬德里、那不勒斯及義大利、西班牙某些城市，是三、四公斤。[20]

再從過去二萬年來的不同部落與文明的骨骸遺跡顯示，儘管有一些地區性及暫時性差距，平均壽命（以出生時為準）也只在很狹小

的區間振盪。❷ 在北非及肥沃月彎中石器時代遺址挖掘出的殘骸顯示平均壽命接近三十歲。在其後的農業革命時期，大多數地區的平均壽命變化不大，有些地區則縮短。❷ 尤其自埋葬地掘出的四千至一萬年前、新石器革命早期的骨骸顯示，在（土耳其）加泰土丘及（希臘）新尼科門迪亞（Nea Nikomedeia）平均壽命約三十至三十五歲；（塞浦路斯）開魯科蒂亞（Khirokitia）二十歲；（土耳其）卡拉塔什（Karataş）和（希臘）勒拿（Lerna）附近是三十歲。二千五百年前，雅典和柯林斯（Corinth）平均壽命達到四十歲左右，可是羅馬帝國的墓碑顯示死亡年齡再次回到二十至三十歲。❷ 較近期的證據指出，十六世紀中葉到十九世紀 ❷ 英格蘭的平均壽命在三十至四十歲間上下起伏。前工業的法國、❷ 瑞典、❷ 芬蘭 ❷ 也有差不多的數值紀錄。

　　在智人出現近三十萬年後，人均所得很少高於維持存活的最起碼水準，瘟疫和饑荒頻仍，四分之一嬰兒活不到周歲，女性經常在生產時喪命，平均壽命很少超過四十歲。

　　然後如前所述，西歐和北美突然開始見到，遍及社會各階層的生活水準前所未有地快速提升，隨後世界其他地區也經歷相同的過程。值得大書特書的是，自十九世紀開端以來，與馬爾薩斯世相比只是一眨眼，全世界的人均所得便增長十四倍，平均壽命延長二倍多。❷

　　人類究竟用什麼方法，終於掙脫了馬爾薩斯力量的束縛？

| 第三章 |

表面下的風暴

　　熱火爐上擺著玻璃壺。壺裡的水很快就開始加熱。看著水面，你很難察覺任何變化：水顯得很平靜，因為水溫逐漸上升之初沒有明顯的影響。只不過這平靜是騙人的。隨著水分子吸收熱能，分子間的吸力消失，各分子加速移動，直到越過臨界點，水的狀態產生巨變：從液體變為氣體。這壺水經歷了突然的**物態變化**（phase transition）。壺裡所有的水分子並非同時變為氣體，但是最後加熱過程把它們一網打盡，原本在壺中的水分子，屬性及外觀很快就全變了樣。

　　過去二百年來，人類經歷了類似的物態變化。與壺裡的水由液體變為氣體相同，數十萬年的經濟停滯，在看不見的表面下卻逐漸加溫才產生這樣的結果。從停滯狀態轉變到成長，看似戲劇化而突兀，實際上也是如此，但是我們會漸漸明白，觸發這種轉變的基本因素，是自有人類以來便開始醞釀，經過整個人類歷史過程累積了動能。再者就像水壺裡某些水分子會先成為蒸氣，人類的物態變化在全球各地發生的時間也不盡相同，以致造成物態變化較早的國家，與關在牢籠裡較久的國家，其不平等的程度是過去難以想像的。

這種物態變化是什麼引起的？

統一成長理論

近數十年來，物理學家曾嘗試建立「萬有理論」（Theory of Everything），以對宇宙所有的物理面向，提供一致概括的解釋。它調和量子力學與愛因斯坦的廣義相對論，並整合四種自然界基本力的交互作用：萬有引力、電磁力、弱核力、強核力。物理學家這麼做，是受到以下信念所驅使：若要對宇宙的各物理面向做有系統且更精確的理解，就必須以統一的架構為根基，這架構要能解釋所有已知的物理現象；凡是只符合部分而非所有已知物理現象的理論，必然不夠全面，所以本質上就不完整。

文藝復興時期天文學家哥白尼（Nicolaus Copernicus）曾主張是行星繞著太陽轉（而非當時人相信太陽繞著地球轉），他在近五百年前對上述觀點曾有比喻。他說，如果沒有理解宇宙運行的統一理論，「就彷彿藝術家畫人像時，從不同模特兒身上，擷取手、腳、頭和其他部分的形象，每一部分都畫得極好，卻不屬於同一人的身體，彼此完全不相配，畫出來的將是怪物而非人類。」❶

本書提出統一成長理論，也是受相似信念所激勵：為了解全球經濟發展的推動因素，若無法反映**整個**發展過程背後的主要推力，而只是反映片斷時期，那種理解脆弱而不完整。❷ 更何況統一成長理論的出現，是基於體認到過去的分析，把現代經濟成長期與馬爾薩斯停滯

時段當作兩種各不相干的現象，而非統一的整體，以致對成長過程本身的理解有侷限、甚至扭曲，忽略了歷史力量對了解當前各國貧富不均的關鍵角色。

統一成長理論的範圍囊括自近三十萬年前、智人出現於非洲以來，人類的**整個**歷史旅程。它辨別並追蹤馬爾薩斯世主宰發展過程的力量，以及最終引發物態變化，使人類脫離貧窮陷阱，進入持久經濟成長期的力量。這些洞見對認識整個成長過程很重要，對了解今日較貧窮經濟體面臨哪些由停滯轉向成長的障礙，還有過去數百年各國財富產生重大分歧的源頭，以及認識各國命運的遠古特徵，都很重要。

前面已充分說明，在馬爾薩斯世，因創新、衝突、體制和疫病的變化，使消費水準偏離勉強維生程度，這曾對人類產生強大的反作用，使人均所得回復長期水準。哪些引力促使人類脫離馬爾薩斯均衡？世界又是如何衝出這經濟黑洞？

為尋找由停滯轉向成長的催化劑，我們或許可以說，是工業革命帶給世界突如其來的外部衝擊，使世界震盪進入現代成長階段。不過從十八、十九世紀工業革命發生年代的證據顯示，此期間沒有任何時間點出現過「震盪」。與人類悠久的歷史做比較，工業革命的轉變固然快速，可是**當時**生產力的成長是**逐步**增加。工業革命剛發生時技術變化是漸進的，因此人口固然大增，平均所得卻增幅十分有限，與馬爾薩斯理論的預測相符。然而近百年後的某個時間點，馬爾薩斯均衡相當神秘地**消失無蹤**，隨之而來的是飛躍的成長。

我針對這個謎團，以數十年時間建構出的概念架構，是受到數

學領域分岔理論（bifurcation theory）洞見的啟發。分岔理論是說明，單一因素連續微小的變化，在跨越某種門檻後，可能對複雜的動力系統的行為造成突發的戲劇性轉變（例如熱度超過門檻，水就會由液體變成氣體）。❸ 我的研究尤其著重於找出在表面下轉動隱而不現的齒輪。這些改變的巨輪，在**整個**馬爾薩斯均衡時代，從不止息地轉動，最後卻突破其拘束，使現代成長得以出現，與水壺中上升的溫度很相像。

　　在馬爾薩斯世期間運行不輟，最後又在過去二百年，引發生活水準徹底巨變，那些神秘的變異之輪是什麼？

改變的巨輪

人口規模

　　這些變異齒輪之一是人口規模。新石器革命前夕、西元前一萬年時，估計地球上徜徉著二百四十萬個人類。可是到西元元年、羅馬帝國和馬雅文明即將到達頂峰時，全球人口已成長七十八倍，暴增到一億八千八百萬人。一千年後，當維京人侵襲歐洲北部海岸，中國人首次在戰爭中使用火藥，地球人口來到二億九千五百萬。到西元一五〇〇年，哥倫布往美洲探險期間，世界人口接近五億。快到十九世紀時，在工業化早期階段，全球人口已逼近十億大關（圖6）。

　　人口規模與技術變革是相得益彰的關係，正如馬爾薩斯世時的

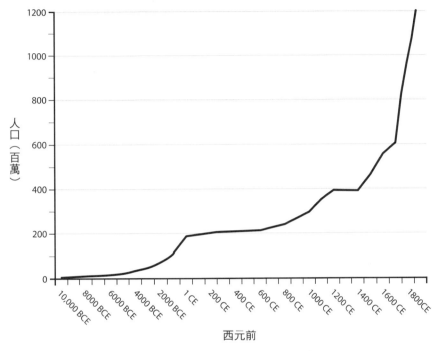

圖 6　馬爾薩斯世的人口成長 ❹

技術進步，曾促使人口密集，在一萬二千年內成長四百倍，人口規模同樣促進創新加快腳步。如前所述，人口變多，更可能對新商品、工具、作法，產生較大需求，也會有較多擅長發明的傑出人才。況且社會規模大，有專業化和專長更廣泛的好處。透過貿易也能有更多思想交流，進一步加速新技術的傳播和普及。❺ 前面提過，這種自我強化的良性循環，從人類一出現就已開始，並且一直持續未斷。

　　人口多寡對技術水準的影響，在整個歷史紀錄中，不分文化和區域都很明顯。較早開始新石器革命的地區如肥沃月彎，是史前最大

定居聚落的所在地，並持續在技術上領先。同理，適於耕作的土地較多，因此人口較密集的地區也擁有更進步的技術。有趣的是，連太平洋上較小的玻里尼西亞社會，在早期與歐洲接觸時，較大的社群如夏威夷和東加，就比如萬那杜的馬拉庫拉（Malekula）、蒂科皮亞（Tikopia）、聖克魯斯（Santa Cruz）等島嶼較小的社群，使用較多種複雜精進的海上覓食技術。❻

　　人口多對社會促進技術創新的能力有多重要，德國創新家約翰尼斯・谷騰堡（Johannes Gutenberg）的印刷術革命即是一例。谷騰堡出生於繁華的美茵茲（Mainz），成年後也曾住在斯特拉斯堡（Strasbourg）。他受惠於通過這些城市的貿易網絡，有以往世代累積的知識可用，又接觸到遠自他方，如波斯、希臘、拜占庭、中國、馬木路克蘇丹國（Mamluk Sultanate，譯注：十三至十六世紀統治埃及、巴勒斯坦、敘利亞等地區的國家），傳到德國的各種印刷領域的發明。谷騰堡待過的城市大而繁榮，也使他能夠靠當金匠的學徒賺錢，並取得開發活字版印刷的資金。要是生長在偏遠的鄉下，他的發明之路將布滿荊棘。谷騰堡要是無法如此豐富地接觸其他文明，就很可能不知道以往印刷領域的發展。他必然也要費很大力氣去取得創新的資金，因為他村子裡的印刷機潛在市場想必太小，要以其發明獲利很難。他甚至很可能必須花很多時間務農，因為以當時鄉間的人口，要支持單獨的藝術家、工匠、創新者階級，一般都很吃力。

　　人口多不但有利於技術發展，也能夠防止較小社群常見的技術衰落，比方一八二〇年代，格陵蘭西北部極地伊努特族（Polar Inuit）

的情況。這一族受疫病肆虐，成年族人人口大減，可是部族無價的技術知識，像是建造皮艇（kayak），都儲存在他們身上。疫情過去後，倖存的年輕人無法恢復這些逝去的年長者才擁有的技術知識。這部族遭遇嚴重的技術退步，狩獵和捕魚能力變差，人口開始減少。要不是數十年後，終於遇到另一支伊努特人重新教給他們失傳的知識，否則必然會繼續凋零。❼ 孤立隔絕的社群可能經歷嚴重技術衰退，這也發生在其他小社群身上，譬如塔斯馬尼亞的原住民部落在失去與澳大利亞連結的陸橋後，就是這種遭遇（編按：塔斯馬尼亞島原與澳洲大陸以陸橋連接，約一萬年二千前冰河時代的結束，雪水淹沒陸橋，形成了隔開兩地的巴斯海峽）。反之，人口較多的社會，往往與其他社會有交流連結，會把知識傳遍社會，也經常出現新發明，所以技術退步的情形少見得多。

　　以下會看到這種相輔相成的循環：技術發展支持人口成長，人口成長加強技術發展，在人類存在大多數期間都不曾中斷，逐步但持續加溫，直到最後創新的速率達到臨界點。提升人類走出停滯時段的物態變化，人口是激起變化的火花之一。❽

人口組成

　　人口規模與另一個改變的巨輪——人口組成——是相互並進的。這兩者都是馬爾薩斯力量的產物。❾ 最早明白這道理的學者之一是達爾文，他在自傳中記述：

　　一八三八年十月，我開始做系統性調查十五個月後，
在看書消遣時，恰巧讀到馬爾薩斯的人口論。從長期持續觀
察動植物習性，我早已準備好要去理解在各處發生的生存奮
鬥。我從書中立即醒悟到，在這些狀況下，有利的變化往往
被保留，不利的遭到摧毀。❿

　　達爾文所說的「有利的變化」是指什麼？在馬爾薩斯式環境下，
它們得以保留，對人口組成有何影響？

　　很簡單，凡是使有機體更能適應環境的特徵，經由世代相傳，會
為他們產生更多資源，以致能夠享有更多或更可靠的營養和保護，從
而有更多後代存活下來，這都可視為「有利」。由於具備生存優勢，
這些「有利的」特徵在任何物種，都會隨時間而更加盛行。這是達爾
文物競天擇的精義所在。

　　有人或許認為，真正重大且影響深遠的演進變化，需要千年萬年
才會發生，所以這些過程也許有趣，卻與認識人類歷程無關。然而生
物雖需要好幾百萬年，才從早期的「原型眼」進化成完整的眼睛，可
是某種動物現有的特徵組成，其實可以改變得很快。有個著名的快速
調整的例子是十九世紀英國常見的飛蛾，其主要顏色由白變黑。當英
國工業區的樹幹和牆壁，被煤灰覆蓋，顏色較深較罕見的飛蛾，突然
擁有更能躲過掠食天敵的保護色，因此生存優勢超越淺色飛蛾，在很
短期間內便成為最常見的飛蛾品種。⓫

　　人類的繁殖速度沒有飛蛾那麼快，可是即使如此，我們也經歷過

對地球多元化環境的快速適應。例如前一章提到，我們對在地疾病，便是這樣產生天然免疫力，使人類在新石器革命後，對傳染病的抵抗力增加。人類也是這樣發展出對各地的食物供給具有新陳代謝能力，尤其在牛羊被馴化地區，就有乳糖耐受力。❷ 生活在高海拔地區的人也培養出長期適應能力。地域性調整也促使全球各地演化出各種不同膚色。在紫外線強的地區，人類經由膚色演變，以防護有害的陽光照射。反之，在距赤道較遠、日照較少的地區使膚色變淺的突變，有助於人體製造維他命 D，為膚色淺的人帶來生存優勢，因而變得盛行。

再說，要是適應屬於文化性而非生物性，那可以在人口中更快速扎根。文化適應不需要一代代傳遞基因突變。使文化適應隨時間日益普及，其原則類似，但散播方式不同，是透過模仿、教育、教化等機制，使新文化特徵迅速建立，並影響經濟和體制產生變化。❸ 這些或許都是人類旅程中最相關的「有利變化」。

在馬爾薩斯世，我們可以合理假設，能夠與技術環境互補的文化特徵將帶來更多收益，因此有更多後代存活，從而使這些特徵在人口中逐漸流行。再加上這些特徵繼而會加快技術變革的腳步，所以也促使從停滯到成長的發展過程變得更加快速。後面我們會看到，最能促進成長的文化特徵是一些規範、態度和習慣，都與十分重視教育、具有「前瞻」心態、全心接納或可稱為「企業家精神」的東西有關。

父母願意為「人力資本」投資，即會影響勞工生產力，連帶影響健康與長壽的因素，如教育、訓練和技能，這種文化傾向的演

變，正是由停滯到成長過程的縮影。假定有一群人，身陷馬爾薩斯均衡的陷阱中，他們分為兩大家族，一是量族（Quanty），一是質族（Qualy）。量族遵守「生養眾多」（〈創世記〉〔Genesis〕九章一節）的文化規範，崇尚多子多孫，把有限的資源用於扶養後代。反之，質族採行另一種習俗：族人選擇少生小孩，但投資許多時間和資源在影響子女生產力和賺錢力的因素上。量族和質族這二個家族，哪一個會有更多後代，到最後成為全體人口的主流？

　　假定量族家庭平均有四個子女，其中僅有二個會長大成人，並找到生育伴侶。質族家庭平均有二個子女，因為經濟情況不允許他們投資多於二個子女的教育和保健。可是，幸好只投資於二個子女，他們不但會長大成人，找到生育伴侶，也會在商業和技術密集的職業找到工作，如鐵匠、木匠、商販。在此階段量族或質族的人數，並未隨時間而擴張，人口組成也維持穩定。可是假定在他們生存的社會，因技術發展，對鐵匠、木匠服務的需求變多，也更需要能製造工具和更有效率的機器的其他行業。由此使賺錢能力增加，質族將享有明顯的演化優勢。在一、二代內，質族家庭可能享有更高所得並積累更多資源。然後他們的子孫便養得起譬如平均三個子女，使三個都受教育，扶養到成人並婚配嫁娶。反之，量族的子孫未受教育，不會受技術發展的影響，他們的所得不變，因此每家平均仍只有二個子女可能長大成人。

　　這個機制指出，在技術創新提供經濟機會的社會，由於投資人力資本可使個人把握那種機會，所以生育子女會朝正面發展，這種良性

循環最後將使質族成為人口主力：質族家庭日益占優勢，有助於技術進步，技術進步則提高質族家庭在人口中的占比。

值得一提的是，這種在重數量還是重養育之間做基本取捨，對所有活著的有機體都屬常見：❶ 細菌、昆蟲及老鼠等小型哺乳類，遵循生殖的「數量策略」而演化，大型哺乳類如人、象、鯨魚，還有鸚鵡、老鷹等，則遵循「養育策略」而演化。❶

十六至十八世紀定居魁北克的歐洲移民，其將近五十萬後裔的大量家譜紀錄，給我們測試這理論正確性的難得機會。追蹤魁北克第一代移民的四代後裔，發現最大的家族來自生育適中者，子女數只屬中等（投資於子女的人力資本相對較多），而生育數多的第一代移民建立大家庭（投資於個別子女的相對較少），久而久之後世子孫卻較少。也就是或許存在矛盾，但證據顯示，子女數適中比子女眾多的家庭在幾代後易於有更多孫輩。這反映子女數不多，對每個孩子可能存活、婚嫁、識字和生育都有有利的影響。❶ 一五四一至一八五一年來自英格蘭的證據呈現相似的模式：願意投資子女人力資本的家庭，子女能長大成人的人數最多。❶

魁北克第一代移民在此高生育率期間所面臨的情況，與人類向地球各處散布時的情況至少有一點相似之處：他們在新領土定居下來後應該都會發現，當地環境可養活的最高容量比第一代人口的規模要大上好多倍。所以由此證據推斷，在馬爾薩斯世的高生育期，也是適應的步調對人口組成可能產生重大影響的時期，凡是較願意投資於較少後裔的存活力的族群會日益興旺。

　　改變的巨輪在整個人類存在期間隱約滾動：技術創新支撐更多人口，並帶動人類適應生態與技術環境；更多更適應環境的人口則提升人類設計新技術的能力，並加強對環境的控制。整體看來，這些改變的巨輪最終導致壯觀的創新大爆發：工業革命，其規模是人類歷史上前所未見。

| 第四章 |

全速前進

　　工業革命的典型形象是陰沈暗淡的；一群紡織工廠，煙囪冒出濃濃黑煙，與過去田園之美的英國鄉間形成強烈對比，還有年幼的孩子在污染危險的城鎮環境中做苦工。❶ 這些表徵經由威廉・布萊克（William Blake）和查爾斯・狄更斯（Charles Dickens）等作家之手，已深印在我們集體的想像中，可是他們扭曲了這段獨特時期的本質。

　　畢竟要是污染空氣和河川的工廠是工業革命的核心，那為什麼當時當地的平均壽命大增，嬰兒死亡率大降？如果工業革命的後果是把快樂的農民變成悲慘的日薪工人，那為什麼此後全世界的農民都一直往大工業城遷移？假使工業革命以剝削兒童為主，那為什麼禁止童工以及設立小學的立法，是出現於那個時代，出現於最工業化的地區與國家？

　　事實上這段革命性時期以工業化命名，因為那是最新穎、最耀眼的特徵，可是要充分理解工業革命的意義，我們必須注意，工業化本身僅屬次要。借用經濟史學者迪爾德莉・麥克洛斯基（Deirdre McCloskey）的話：「工業革命既非蒸氣時代，亦非棉花時代或鋼鐵

時代。它是進步時代。」❷

技術發展邁開大步

　　這段時期的進步有各種形式，其中與工業化現象關係最明顯的是：技術進展的**增速**驚人，在人類歷史紀錄中無出其右者。當時出現的每一種發明都值得列入人類技術史。自啟蒙時代開始，技術進展的速度加快到難以估計，然後在數百年間，歐洲及北美出現的重大發明數量超過人類文明數千年來發明的總數。歐美的技術面貌已完全改觀。

　　這名副其實的發明海嘯，發生在這麼短的時間、這麼有限的地理區內，更是難能可貴。然而我們還是無法指出，是哪個「衝擊」或單一發明掀起這波浪濤。英國從工業革命前夕、直到各個階段，經濟生產力是逐步而持續地上升。❸日後回顧或許像是發生於一夕之間，但工業革命其實需要比個人壽命長很多的時間。

　　這種加速發展並不限於工業技術。歐陸各地的科學也大步前進，文學、藝術、音樂同樣受惠於各種才華和新類型史無前例地蓬勃發展。這段過程其實始於十七世紀，西方文化的主要哲學家開始脫離希臘與教會的古代傳統，寫下討論人類與世界本質的引人入勝的著作。

　　不過當時最重要的發明之一確實是在工業化領域。英國五金商湯瑪士・紐科門（Thomas Newcomen）設計的蒸汽引擎在一七一二年進入商用。其用處相當簡單平凡：將煤礦中的水抽出，那在十八世紀，

是需要相當多人力的複雜工作。這項新技術在一七六三至七五年間，由蘇格蘭工程師詹姆士・瓦特（James Watt）進一步改良，他把蒸汽引擎用於操作工廠機器，擴大其商業用途。

重複運轉的蒸汽引擎，或許與人類史上最早的書寫文件：約西元前三四〇〇年蘇美人記錄一般商業交易和稅率的石板，同樣看似平凡無奇。然而那些文字鳴槍起跑，然後在數千年裡產生了《吉爾伽美什史詩》（*Epic of Gilgamesh*，譯注：兩河流域的文學作品是已發現的最早英雄史詩，所述時期約西元前二七〇〇至二五〇〇年）、《摩訶婆羅多》（*Mahabharata*，譯注：古印度二大著名史詩之一，時間約西元前五至三世紀）、《一千零一夜》（*Arabian Nights*）、維吉爾（Virgil）史詩《艾尼亞斯記》（*Aeneid*，譯注：西元前二九至一九年）、紫式部《源氏物語》、但丁（Dante）《神曲》（*Divine Comedy*）、莎士比亞（Shakespeare）《哈姆雷特》（*Hamlet*）、塞萬提斯（Cervantes）《唐吉訶德》（*Don Quixote*）、歌德（Goethe）《浮士德》（*Faust*）、雨果（Hugo）《悲慘世界》（*Les Misérables*）、杜斯妥也夫斯基（Dostoevsky）《罪與罰》（*Crime and Punishment*）。此期間，紐科門的蒸汽引擎啟動了技術大躍進，在僅僅二百五十年裡，使蘇聯得以發射人造衛星進入太空，美國也用「阿波羅十一號」（Apollo II）太空梭把人類送上月球。

紡織業是工業革命先驅，即當時的高科技業。有一群英國發明家，最著名的有約翰・凱（John Kay，譯注：發明飛梭）、理查・阿克萊特（Richard Arkwright，發明水力紡紗機）、詹姆斯・哈格

里夫斯（James Hargreaves，發明珍妮紡紗機）、埃德蒙‧卡特賴特（Edmund Cartwright，發明動力織布機）、塞繆爾‧克朗普頓（Samuel Crompton，發明走錠細紗機），他們設計出精密的機器，將紡織品製程的許多部分自動化。自動化使生產每一捲織品所需的人力工時大減，以致成衣價格降低，歐洲及其殖民地的貧窮家庭也買得起優質衣著。起初是蓋在河邊和瀑布旁的工廠以水輪運轉新機器。到蒸汽引擎降臨，紡織業就不必再依賴流動的水，而歐美各地都興起工業城，不過仍然必須靠近煤礦所在地。❹

　　技術發展也帶來其他革命性變化，興建大規模結構體變得更普遍，還有陸海空交通。這過程始於十八世紀初，五金商亞伯拉罕‧達比（Abraham Darby）發明更低廉的新方法提煉鐵礦，激勵人們廣泛使用這種金屬，後來也用於興建橋梁和摩天大樓。到十九世紀中葉，發明家兼實業家亨利‧貝塞麥（Henry Bessemer）爵士開發出廉價快速的方法，可煉出結實且可彎曲的鋼。鋼鐵業進步促成具改變力量的新切割與加工工具出現，對許多產業產生重大影響。拜此之賜，蒸汽火車頭興起，長距離交通時間大幅縮短。十九世紀初年，從紐約到即將成為芝加哥的地方需要將近六週時間，可是到一八五七年，鐵路把這段旅途縮短為只要兩天。汽船同樣減少跨海航行的距離與時間，使海上貿易不必再仰賴風力，並大大加快全球化的腳步。❺

　　當時在通訊領域也有其他突破。一八四四年美國發明家塞繆爾‧摩斯（Samuel Morse）建成第一條商用電磁電報線；僅僅三十年後，全世界各主要幹道都鋪設了電報線，訊息可以在幾分鐘內越洋傳播。

一八七七年另一位美國發明家愛迪生（Thomas Edison）的留聲機問世，是史上第一部錄下聲音的裝置。兩年後他發明白熾燈泡，或許更確切地說，他改良了前人發明的燈泡。愛迪生點亮燈泡時說：「我們會使電燈變得很便宜，便宜到只有富人才點蠟燭」，此話凸顯了這項發明的廣泛影響。❻ 後來到一八八二年，愛迪生在紐約建立世上第一座商業發電站，隨後很快地各種領域都採用電力，在工廠裡電力也逐漸取代蒸汽引擎。到十九世紀晚期有人發明內燃機，它很快就使汽車超越馬車，成為普通的地方交通工具。

　　這裡舉出的發明清單只有局部，並未公道地描述在化學、農業、木作、採礦、開鑿運河等許多方面的改進，還有生產水泥、玻璃、紙張等等原料的進步；更未提到一長串其他開創性的發明，例如自行車、熱氣球、工業生產線、電梯（有它興建摩天大樓才可行）等；本書不會談及提供這些新事業資金所衍生的諸多新金融工具。當此發明時代，幾乎人類所有的活動領域都受到劇烈改變。

　　歐洲各國與美國的技術實力改觀，動搖了全球的權力平衡。其變動速度之快，連其他技術進步的社會都措手不及；那些缺乏對抗歐洲軍力資源的社會，人民遭到壓迫和剝削。特別是清朝統治者在一八三九年決定禁止與向中國傾銷鴉片的英國商人做生意。統治者很快就發現，中國老舊的皇家水師打不過以蒸汽引擎為動力、有鋼板防護的一小隊英國砲艇。第一次鴉片戰爭（一八三九至四二年）英國戰勝，特別顯得諷刺，因為使英國在戰場上占盡優勢的火藥和鋼板，其生產技術都是幾百年前發源於中國。

　　十年後美國海軍靠技術優勢，在准將馬修‧培理（Matthew C. Perry）領導下迫使日本簽訂協議，結束二百多年的鎖國政策。此種結果引發日本統治菁英一連串權力鬥爭，一派支持舊秩序，一派承認歐美技術實力，並認為日本需要大刀闊斧改革。這次內部衝突，最後是支持技術、社會、工業進步的勢力獲勝。他們推動明治維新，結束日本封建制度，恢復天皇權力，日本由此轉型為經濟、軍事強權。

　　大動作創新和快速變革，成為歐洲人與其北美後裔如何思考、行事、衣食、休閒、看待工作和文化藝術的標準印記。當然他們在拿破崙戰爭和美國南北戰爭的浴血戰場上也曾相互廝殺。此外當時歐洲哲學家、作家、科學家提倡的思想，也大幅修正了大眾對人性、社會和宇宙的集體概念。在社會上某些圈子裡，有學問、跟得上最新思潮及辯論主題，成為地位的象徵，還要能夠對《共產黨宣言》（*The Communist Manifesto*）、雨果最新出版的小說或達爾文對物種起源聳動的理論等表達開明的觀點。

　　不過這時期最基本的特徵就是創新的速度加快，對教育產生了深遠的影響，教育不再只是中產階級及菁英階級的文化商品。創新使教育居於經濟發展過程的核心地位。其實這種教育轉變可說比製造業機械化更重要也更持久，因為它改變了教育的根本目的，並且首次讓大眾也有受教機會。

前工業時代的教育

　　人類史上大多數時期，正規教育專屬於社會上少數特權階級。早在美索不達米亞和古埃及文明中，菁英人士的子女學習讀寫，做基本算術運算，以便為將來的職業做準備，如記錄員、祭司、各種政府職位。他們也經常學習占星學、哲學、神學，以豐富精神與文化層面，那也是進入知識分子階層的通行證。

　　當教育服務社會的對象擴大，主要是為了文化、宗教、社會、性靈和軍事目的。比方在古代波斯、希臘、羅馬，教育主要是藉著智力和體力訓練培養服從與紀律，以達到文化、宗教、軍事目的。反之儒家和佛家教育以灌輸注重道德、敬老尊賢、品行優良等為宗旨，這些美德被視為社會和諧的基礎。而各種一神教推動的教育制度旨在培養信仰、道德、遵守和實踐教規，並把這些價值觀代代相傳。尤其最早的大眾教育制度之一：猶太小學（cheder），開辦於二千多年前，是為教育自四歲起的男童而設計，好讓他們盡到閱讀猶太教經典《妥拉》（Torah）的宗教義務，並加強其信仰、道德、族裔認同。穆斯林世界後來也出現類似的宗教機構，基督宗教也一樣，特別是在受新教改革（Protestant Reformation）影響的地區。然而所有這些教育體制，沒有一個是以訓練對成人就業有用的技能為主要考量。

　　在人類存在大多數時期，識字率都不重要。主要以能夠在各種文件上簽自己的姓名為準，對中世紀識字率的估計是，中、法、德、比利時、荷蘭等國不到一〇％，歐洲其他地方及全球各地的比例更低。❼

　　不過到工業化前那數百年，歐洲在技術和貿易上有長足的進步，教育的重要性開始增強。早在文藝復興時期，歐洲各文明在技術上明顯比同時代其他社會前進。歐洲人在前工業時期主要的發明，有印刷機、擺鐘、眼鏡、望遠鏡、顯微鏡，還有無數農業和航海術的改良。此時基於本書第二部分將探討的理由，以往技術發展超前歐洲的其他文明開始落後，包括中國和鄂圖曼。在一五〇〇年後的幾百年間，世上最先進的技術幾乎等同於歐洲技術。❽落後與進步間的分歧，反映在歐洲與世界其他地方的識字率差距越來越大。

　　谷騰堡的印刷機對識字率，或甚至是對歐洲經濟成長，影響有多大，至今未有定論；❾但無可置疑的是，當時的識字率上升有助於印刷業成長和擴散，而大量印刷書籍顯著增加有此能力的歐洲人想要讀寫的意願。十五世紀後半，歐洲印製了近一千三百萬冊圖書；十六世紀超過二億冊；十七世紀超過五億冊；十八世紀更暴增至約十億：歐陸圖書的成長率遠超過人口成長率。❿

　　同樣明顯的是，歐洲書籍出版業快速成長，刺激技術及文化進一步變革，那繼而又促成強化的人力資本形成。十五世紀晚期，業者大量印刷「商業數學」教科書，內容是教導商業練習生如何為進貨定價、兌換貨幣、計算獲利率、支付利息等。也有教科書傳授複式簿記的基本原理，這項創新使商人得以合理地管理帳目。此時各種專業教科書在歐陸激增，成為醫師、律師、教師不可或缺的知識來源。因此可想而知，在十五世紀末接納印刷機的城市，人口增加較多（主要是因為人口移入），成為思想與文學重鎮，進一步促進讀寫能力，成為

體面的公民該追求的高尚能力，讓識字本身就是一種美德。❶

　　歐洲在那段時期成為史上識字率最高、技術最發達的地區。一八○○年荷蘭的識字率是六八％，英國和比利時五○％，其他西歐國家約二○％。可是非歐洲社會，識字率到二十世紀才開始上升。以人類整體而言，一八二○年時，成人識字率才一二％，到約二十世紀中葉，才剛過五○％大關，目前在八六％左右（圖7）。

　　不過，歐洲前工業期的教育仍是針對訓練大量勞工的技能。現代教育先驅之一：十七世紀捷克哲學家約翰・阿摩司・康米紐斯（John Amos Comenius）提倡創新教學法，例如學習本國語言（而非拉丁文），教導學生多種科目，逐漸提升複雜度，加強邏輯思考而非死記。不過連康米紐斯最革命性的包容式教學，把女性和窮人也納入教育體系，卻仍以灌輸道德和文化價值為宗旨，而非傳授對就業十分重要的專長。兒童包括有幸接受基本教育者，很少是在學校裡學會與成年後工作生涯相關的知識技能；他們多半是從工作中學，例如耕田、做家事、當學徒。

　　從十七世紀中葉起，西歐聚集著一群哲學家擁護來自累積的科學知識的進步概念，理性地拒斥神秘主義和宗教教條，有時也支持機會均等、言論自由和個人自由、好奇心和懷疑精神等進步價值。當此啟蒙時代，教育及其結果：更強的人力資本，在文化和經濟上日益重要。不過即便如此，教育性質的蛻變，亦即為工商業而教，尚未發生。

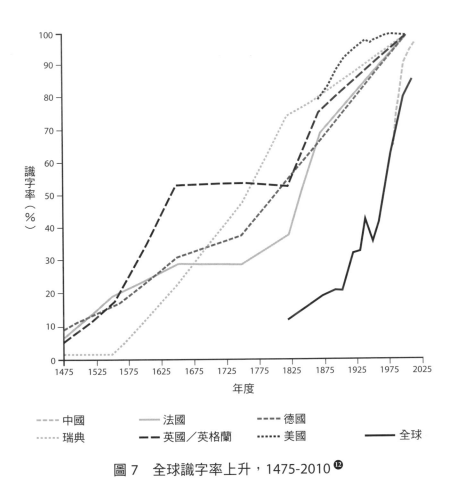

圖 7　全球識字率上升，1475-2010 ⓬

工業化與人力資本

　　在工業革命最早期，讀寫和算術能力對生產過程作用有限，因此加強這些人力資本的面向對工人生產力的影響也有限。儘管某些工人，尤其是領班和辦公室職員，必須能夠閱讀和做一些基本計算，可

是工業方面有很多工作不識字者都能勝任。

　　到工業革命其後各階段，不斷成長的工業部門對技術工人的需求顯著增加。從此開始，人力資本結構在史上首次形成，亦即影響勞工生產力的因素如教育、訓練、技能、健康的設計和推行人力資本的主要目的，在滿足工業化對工人讀寫計算能力及機械技能日益增加的要求。許多工業國都是如此，不過在最早經歷工業化的英、法、德、美等國尤其明顯。

　　英國工業革命的第一階段與生產過程加強機械化有關，卻並未相對地增加雇用技術工人。比方一八四一年，僅有五％男工、二％女工，受雇於需要識字的職業。[13] 工人主要是靠工作中的訓練學會技能，且童工極有價值。可是到工業革命後期階段，英國的教育規模變化極大。五至十四歲兒童在小學就讀的比例，由一八五五年的一一％，到一八七○年增加為二五％。一八七○至一九○二年，當政府負責為民眾提供免費教育系統，那比例更上升到近七四％。[14] 因此英國男性的識字率大為提升，一八四○年代約六七％，到十九世紀末增至九七％。[15]

　　法國教育制度早在工業革命前就已開始發展，但是在工業化早期階段，為滿足工業需求，教育發展更深入且有所轉變。十七、十八世紀，初等和中等教育以天主教會和修會為供應主力，政府則參與某些技職訓練，以促進商業、製造業和軍事效率的發展。法國大革命後，政府設立小學和選擇性的中、高等教育，目標在培育有能力的菁英以主持軍事與政府機關。[16] 鑑於工業對人力資本的需求越來越大，

政府便擴大提供初等和高等教育，自一八三七到一八五〇年，社區內沒有學校的地方減少了一半。到一八八一至八二年，全民、免費、義務、非教會的小學體系成立，以技術與科學教育為重心，五至十四歲兒童就讀小學的比例，由一八五〇年的五二％，到一九〇一年增為八六％。❶⓻

普魯士與法國一樣，在十八世紀初，遠早於工業革命，便邁開走向義務教育的步伐。教育主要被視為促進國家統一的途徑。到十八世紀下半，所有五至十三歲兒童都要接受義務教育，不過由於經費不足，這些規定並未嚴格執行。到十九世紀初，基於國家團結、軍事效率和訓練公務員的需要，教育制度再經改革。義務教育變成三年，並脫離教會，文科中學（gymnasium）則改組為國立，為優秀才俊提供九年教育。❶⓼ 普魯士與英、法雷同，也是工業化與實施全民基礎教育同時發生。中學也開始為工業需要服務；強調數理教學的實科中學（Realschulen）逐漸獲得接納，技職學校亦紛紛設立。整體來說，一八七〇至一九一一年，中學就學人數增加六倍。

工業化在美國，也使人力資本對生產過程及整體經濟更加重要。❶⓽ 十九世紀末二十世紀初，工商企業部門興起，增加對經理人、事務員、高學歷業務員等的需求，他們要學會計、打字、速記、代數、商業。到一九一〇年代後期，技術先進的產業需要的藍領技術工人，必須學過幾何、代數、化學、機械製圖和相關技能。教育架構經過改變以滿足這些需求，公立中學學生人數自一八七〇至一九五〇年增加達七十倍。❷⓪

　　這些歷史證據明白顯示，工業化過程的技術進步與人力資本的形成有關。不過是否有確切的證據指出，這種關聯象徵著工業化是因，技術形成是果？畢竟，這種關聯也可能反映了人力資本的形成影響到工業部門的演進，或是某些其他文化或體制因素同時促成工業化和教育。為了在技術加速進步和工業化與人力資本形成之間建立因果關係，我們可以參考一個**類自然的歷史實驗**。

　　工業革命早期最重要的發明之一是蒸汽引擎，最早引進法國是在埃斯科河畔弗雷訥（Fresnes-sur-Escaut）的礦場，那是靠近法比邊界一個平靜的村莊。有證據顯示，由於此種新技術是區域式擴散，在十九世紀中葉，越接近此村的地方或大區（département，一七九〇年建制的行政單位），就越快採用蒸汽引擎。因此根據各地與弗雷訥的地理距離可預測蒸汽引擎相對的採用情況。也就是某地**實際的**蒸汽引擎數量，或許受到大區原本的教育水準及其他潛在干擾因子所影響，但是與弗雷訥的**距離**可用於評估技術對教育的潛在因果作用，因為距離 (a) 可直接預測蒸汽引擎散布程度，(b) 不受原教育水準，其實也不受其他干擾因子所影響，(c) 距離不會直接影響教育水準，只是透過影響蒸汽引擎數量而產生間接效應（畢竟我們可以很肯定，弗雷訥並非法國最早推行**教育**之處，所以它不是教育在法國普及的發源地）。

　　我們運用此法可以確定，工業化上的技術加速發展，正如法國各大區蒸汽引擎的數量可反映，還有從與弗雷訥的距離可推斷，對一八四〇年代技術發展為某些人力資本形成的措施帶來正面影響，包括小學生在人口中的比例，及徵召入伍士兵的識字率。每個大區的蒸汽引

擎越多，對人力資本的投資就越大。㉑ 同樣地另有證據顯示，英國在十九世紀初使用蒸汽引擎，提高了附近地區工人的技能強度，尤其是機械類職業。㉒

　　技術進展對人力資本形成的影響也見於美國。㉓ 鐵路在一八五〇至一九一〇年向美國新城鎮擴展的相關證據顯示，有幸納入全國鐵路網的各郡識字率都特別高，技術工作者如工程師、技師、醫師、律師也特別多，農業就業人口則比例特別低。㉔

　　從這些廣泛的研究結果可以看出，工業革命期間的技術與商業發展，**刺激了**各種形式的人力資本投資。在某些社會，人力資本表現為識讀能力和正規教育的形式，有些社會則是與培養專業技能有關。

　　前一章曾主張技術發展與人力資本是相得益彰的循環，基於此，有證據指出，人力資本增強會**進一步**促成技術進步便不足為奇。㉕ 的確有人認為，工業革命最早發生於英國，而非歐洲其他地方，原因之一在於，英國享有人力資本的相對優勢，那證明在工業化初期特別有利。英國煤產豐富無庸置疑，那是蒸汽引擎初期的基本燃料，但是產煤多的國家畢竟不少。只是英國還有更稀奇的原料：人力資本。歷史學者描述，當時存在著眾多專業人才，有木匠、金屬工、玻璃工及其他能夠支援最優秀發明家的工人，他們可以打造甚至改良發明家創新的設計。㉖ 這些工匠把技藝傳承給學徒，工業革命前期學徒人數暴增，他們對工業技術的採用、增進、傳播發揮很大作用。㉗

　　從英國向外移民的工程師，確實成為許多其他國家工業化的先驅，包括比利時、法國、瑞士、美國。譬如北美第一家紡織廠，一七

九三年建於羅德島州波塔基特鎮（Pawtucket），距本書撰寫地布朗大學僅數哩。工廠資金來自美國實業家摩斯·布朗（Moses Brown），主導者是二十一歲來到美國的英裔實業家塞繆爾·斯萊特（Samuel Slater）。斯萊特十歲起就在英國一家紡織廠做工，對阿克萊特紡紗架的技術細節有第一手了解。英國政府為保護技術優勢，禁止輸出這種機器，連必要的製造藍圖也不准輸出。斯萊特為迴避禁令，卻找到簡單又魔鬼般困難的方式，他背下整個設計。斯萊特有「美國工業革命之父」之稱，他造成的影響之大，以致在他的出生地，有英國人稱他為「叛徒斯萊特」。

　　其他一些最早經歷工業化的國家，也提供歷史證據進一步證實，教育程度高的勞動力對技術發展有其貢獻。[28] 以十九世紀普魯士為例，識字率對創新有正面影響，這反映在專利登記上。[29] 更有一項研究明顯指出，十八世紀法國市鎮訂購《百科全書》的數量（反映當地教育程度高的菁英人數），與整整百年後法國公司在相同市鎮的技術創新呈正相關。[30] 相似的跨國分析也確認，各國工程師人數多寡對人均所得有持續性影響，[31] 再者在今日世界，人力資本的形成會激勵企業家精神，鼓勵採用新技術及新工作法，並且更廣泛地促進經濟成長。[32]

　　那麼在實務上，公共大眾教育究竟是如何興起的？

全民公共教育興起

　　人類史上最具影響力的著作之一：馬克思與恩格斯的《共產黨宣言》一八四八年在倫敦出版。馬克思和恩格斯認為，當時世人經歷的社會與政治動盪，與同時期生產方式的快速技術變遷有直接關係，這相當正確。他們指出，資產階級崛起，對根除封建制度及推動經濟進步曾發揮重要作用，但是他們也主張，資本家之間日益激烈的競爭，只會導致利潤減少，引發資本家更加剝削勞工。因此階級鬥爭在所難免，因為社會必然會到達「無產階級別無損失，只求擺脫枷鎖」的地步。

　　馬克思主義的核心論點是，資本家與勞工必然會陷入權力鬥爭，最終引起革命，並粉碎以階級為根本的社會。十九世紀末二十世紀初，工業化國家確實經歷過這種狀況，資方與工會激烈衝突，而且經常訴諸暴力。然而有那麼多地方，馬克思、恩格斯預見的共產革命，卻是一九一七年發生於俄國，俄國當時的農業就業人口，超過八〇％。事實上最高度工業化的資本主義國家，從未發生成功的階級革命，在馬、恩時代沒有，之後也始終沒有。

　　大多數社會如何避開這「不可避免的階級鬥爭」及《共產黨宣言》預言的共產革命？有一種解釋是說，革命的威脅激起工業化國家採取減輕階級緊張及緩和不平等的政策，主要是擴大投票權，藉此擴大財富重分配權，另外就是福利國家的興起。❸

　　不過有另一種假說，其核心論點是，在工業化時代，人力資本

在生產過程開始扮演關鍵角色。根據這種觀點，投資於勞動人口的教育和技能對資產階級**越發**重要，而非不重要，因為資本家漸漸發現，可任由他們支配的各種資本中，人力資本掌握著防止獲利率下降的關鍵。[34] 尤其那些對一國剛起步邁向工業化時有助益的技藝，很快就會變得不重要，取而代之的是國家需要普遍適用的一套套技能，使勞動人口能夠應對在**快速變化**的技術與體制環境中各種隨之而來的挑戰，而非像某些觀點認為技能不再重要是欠缺技能傳承所致。在這種情況下，接受廣泛、具彈性的教育對勞工有好處，而不是針對特定任務或行業的專門職訓。[35]

　　馬克思曾預測，工業革命會侵蝕人力資本的重要性，使擁有生產工具者更惡劣地剝削勞工，然而以上的說明恰恰相反，生產過程持續發生技術變革，其實使人力資本成為提升工業生產力日益關鍵的因素。所以工業化並未激起共產革命，反而引發大眾教育革命。資本家的獲利率不再縮減，工人的工資開始上揚，到最後階級衝突的威脅，即馬克思主義的生命核心，開始減弱。簡單說，全世界的工業社會，即使抵制西方現代性的其他面向的社會，絕大多數都支持興辦公共教育，因為它們明白，在變動的技術環境中，普及全民教育對企業主和工人本身都很重要。

　　可是實業家不肯出錢去教育可供他們所用的工人，因為不保證這些工人學會新技能後不會去投靠別的雇主。的確在一八六七年，英國鐵業大亨詹姆士・基特森（James Kitson）向國會委員會作證指出，製造業老闆不肯捐助經費給學校，因為擔心競爭者搶走教出來的

學生。❸ 在荷蘭和英國有為數不多的實業家確實出錢自辦私校,但是不太成功。那時候極少數開辦和經營學校的資本家,如威爾斯紡織業老闆羅伯‧歐文（Robert Owen）,主要是為慈善而非商業目的這麼做。

　　當情勢日益明朗,要建立工業社會,技能是不可或缺的,過去擔心勞工階級取得識讀能力後易於接受激進和顛覆性思想,如今被拋諸腦後,資本家開始遊說政府提供公立教育。比利時、荷蘭、英、法、德、美的實業家積極投入影響該國公立教育體系的結構,鼓勵政府領導人增加對全民教育投資。後來各國政府向實業家的施壓低頭,增加對小學教育的支出。

　　英國政府一八六七至六八年,在國會成立科學教學特別委員會（Select Committee on Scientific Instruction）。由此展開近二十年因應資本家要求,針對數理科、工業與教育關係的各種國會調查。由這些調查得出的一系列報告,都凸顯領班、經理人、業主、工人普遍欠缺充分的訓練。報告中指出,大多數經理人和業主不懂製造過程,因此無法提升效率、研究創新技術或評價工人技能。❺ 報告中提出一些建議,包括需要重新定義小學、修改整個學制的課程（特別是有關工業與製造的部分）,改進對教師的訓練。報告中也倡議在中學納入技術和數理課程。

　　政府逐漸向資本家讓步,提高小學和更高教育的經費。一八七〇年政府負起確保全民讀小學的責任,一八八〇年全英國實施義務教育,一八八四年政府大舉擴大選舉權。

　　有些部門反對英國推行公共教育。值得注意的是，反對意見來自地主，而非工業菁英。當一九〇二年英國國會通過教育法（Education Act）規定為人民提供免費教育，當時製造業和服務業對技師、工程師、事務員、律師，還有看得懂藍圖、操作手冊及庫存清單的工人需求越來越大。實業家從人力資本投資中獲得提高工人生產力的好處。但是從富有的地主家庭來看，上過學的農民的產量很少高過未讀書的農民，所以缺少支持公共教育的誘因。反而如果你幸運生為地主，很可能已積極說服你的佃農**不要**投資子女教育，以降低他們離開農地的誘因，免得他們去尋求為有讀書的工人開創的新機會。選區內工廠工人比例較高的國會議員，的確大都投票贊成教育法，而地主勢力龐大的農業密集選區，國會議員多半反對實行全民教育。[38]

　　反對公共教育的另一個主因，是土地所有權集中。在土地分配相對平均的農業區，地主阻礙教育改革的誘因很小，因為教育對子女福祉的影響很大，相較之下，從事農耕的收入重要性就有限了。但是在土地集中於少數人手中的地區，地主的財富十分仰賴農業，他們希望阻止農工出走到鄰近城鎮，所以特別敵視建立全民公共教育。[39]

　　有鑑於此，歷史上土地所有權的不平等，或許曾大大影響由農業轉向工業的速度，以及現代成長模式的出現。二十世紀初，美國各地教育改革不同調，土地分配不均，對教育支出產生負面影響便是明證。[40] 事實上，美、加的土地分配比起拉丁美洲較為平等，或許是北美與拉美教育有落差的部分原因。再者南美洲的阿根廷、智利、烏拉圭等國，土地所有權分布（相對）較平均，教育水準也較高。在世上

其他地方，如日、韓、台灣、俄國頒布土地改革法規，使土地所有權有部分平等化，預示會有進一步改革，改善一般人民的教育。

　　後來到工業化第二階段，兒童、家長和實業家的聯盟利益勝過地主的利益，於是在最早工業化各國的教育普及到社會各階層。儘管十九世紀初在西方國家受過基礎教育的成人很少，但到二十世紀初教育已徹底改觀，英美及其他工業國將近百分之百的成人讀完小學。開發中世界則要到二十世紀中葉，在技術前進的腳步帶動下，才發生這真正地動山搖的轉變。

　　這當然是進步，也使工人生活在其他方面確確實實地改進。在馬克思預言階級鬥爭的陰影五十年後，工人工資上升，階級界線變得模糊，全民教育促進更多機會民主化，也逐漸淘汰一種普遍但為害不淺的作法：雇用童工

禁用童工

　　美國攝影師路易斯・海恩（Lewis Hine），一九一〇年拍到一個十二歲赤足女孩的肖像，她衣衫襤褸，靠在紡織廠的巨大機器旁。女孩名叫愛蒂・卡德（Addie Card），她嚴肅的表情令人難忘。海恩和其他攝影師永久留下許多類似的英美童工影像，他們的作品很快就成為工業革命某些最具代表性的象徵。這些照片引起大眾強烈抗議，促使立法禁止雇用童工。但是不同於大家所想像的，童工既非工業革命的發明，也非工業化過程的要角。其實童工也未因立法而絕跡。

愛蒂‧卡德，12 歲，北包諾鎮（North Pownal）棉紡廠紡紗工
1910 年佛蒙特州 ❹¹

　　在歷史上，童工始終是人類社會固有的一環。為求勉強生存，
年幼的孩子不得不做許多十分吃力的工作，包括家事與農事。只是工
業革命發生時，這種現象達到前所未有的普遍程度。城鎮區家庭的收
入難以溫飽，年僅四歲的孩子就被送到工廠或礦場去做工。紡織業使
用童工尤其普遍，柔軟的小手有利於排除機器的障礙。兒童在這段時
期，經歷悲慘、惡劣、危險的工作環境，又被剝奪就學機會，更助長

貧窮惡性循環。❷

　　不過工業化過程中，技術變化很快，也影響對勞工學歷的要求，於是從二方面，童工能為父母和工廠老闆賺的錢漸漸減少。一是新機器把兒童能做的較簡單的工作自動化，降低童工的相對生產力，從而擴大父母與子女賺錢能力的差距，使父母從童工得到的好處減少。再者人力資本對生產過程的重要性增加，促使家長願意讓子女投入時間精力去求學、而非工作，也促使渴望工人具備更佳相關技能的老闆，支持限制、終至禁止童工的法律。❸

　　第一部有效限制童工的立法於一八三三年在英國通過。這項工廠法（Factory Act）禁止工廠雇用九歲以下兒童，限制九至十三歲兒童每日工時不得超過九小時，禁止十八歲以下青少年做夜班。一八四四年英國國會制定新法律，限制九至十三歲童工，工時為六小時半，好讓他們每天有三小時可以上學，十四至十八歲每日工時限十二小時，並對童工操作及清理機器，訂定安全規則。此後英國陸續通過其他措施，不斷提高最低就業年齡，並強制工廠老闆為年輕工人付學費。

　　這種種規定等於對雇用童工課稅，因此許多人主張，相關立法對消除英國的童工產生了關鍵作用。這固然很可能是助力之一，可是在政府介入前很久，英國的童工便一直在減少。❹英國棉紡業十三歲以下工人的比例，由一八一六年一三％，到一八三五年降至僅二％，當時尚未大力執行新勞動法。類似趨勢也發生於麻紡業。技術進步比立法提早很久，便對淘汰童工起了重要作用。其部分原因是，像理查・羅伯茲（Richard Roberts）發明的自動走錠細紗機等機器，已減少許

多產業對童工的需求。絲織業雖不受童工法的限制，但是由於外國生產者能取得較便宜的原料，為奮力與它們競爭，英國絲織廠童工的比例，由一八三五年近三〇％，到一八六〇年只剩一三％。若這是代表性趨勢，那我們不難想像，即使沒有立法，童工在其他產業也會顯著減少。

事實上，到十九世紀後半，由政府提供教育經費，解除雇主支付員工學費的所有負擔，有效降低雇用童工的「稅賦」。可是受雇於工廠的兒童人數從未回復到十九世紀初的水準。一八五一至一九一一年，十至十四歲男童受雇於工廠的比例，降低約三六％，剩下不到二〇％；女童的比例從近二〇％，降至近一〇％。[45]大多數已開發國家都有類似趨勢。在降低的過程中，立法似乎只扮演輔助角色，而減少雇用及剝削童工的主因是父母與子女的所得差距加大，及對教育的態度改變。

態度改變主要是由於對人力資本的需求增加，因此童工最早消失於工業化程度最高的國家，及這些國家內工業化程度最高的地區，也在意料之中。[46]美國在一八四二年由主要工業州之一麻州率先通過限制童工的法律。各工業州的州長不見得較開明；反倒是技術進步快，更加重對人力資本的需求，減少對童工的依賴，消除對限制童工立法的阻力。很快地因工業革命而轉型的各州，紛紛通過類似法律，較晚才傳到較偏農業的州。隨著美國的技術進步動力增加，教育的重要性日益明顯，童工漸漸消失。一八七〇至一九四〇年間，美國十四、五歲男孩的就業比例，由四二％降到一〇％。女孩及更年幼的兒童也是

如此。

　　一則一九二一年的曳引機廣告十分吸引目光，其內容反映出技術對童工的影響，已廣為人知。為說服農民購買曳引機，推銷者強調人力資本日益重要。他們在廣告中，凸顯新機器的主要好處，是可以省下人工，使農民在春季，一年中最農忙的時期，也能送孩子上學。有趣的是，刊登廣告的商家指出，人力資本對「各行各業，包括農業」都十分重要。或許他們想要化解美國農民擔心孩子念完書後會選擇到蓬勃發展的工業部門就業，而不留在自家農場。

　　技術創新進步神速，全民教育開始實施，童工消失：就這三大方面而言，工業革命確實是進步時代。也正是這些因素對婦女、家庭和生育的影響，帶來人類的物態變化，得以逃出馬爾薩斯陷阱。

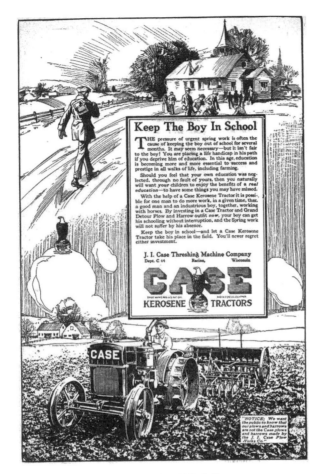

1921 年曳引機廣告
讓男孩留在學校

春季工作的急迫壓力經常使男孩有幾個月不能上學。這看似有其必要，但對男孩不公平！不給他念書，等於為他的人生旅途製造障礙。在這種年齡就學，對各行各業包括務農，都是成功和名望的鎖鑰。

用凱斯牌（Case）煤油曳引機，比一個大人和一個勤奮男孩一起用馬耕田要強得多。現在購買全套凱斯曳引機和大迪圖爾（Grand Detour）犁、耙，你家男孩就不必中斷學業，也不會因為他要上學就延誤春耕。

讓孩子留在學校，讓凱斯煤油曳引機，代替他在田裡工作。這兩方面的投資，都絕不會令你後悔。❹

第五章

徹底蛻變

在工業革命早期，技術飛快進步，所得不斷上升，大多數工業化國家的人口也迅速成長。不過到十九世紀後五十年，趨勢逆轉：已開發國家的人口和生育率都顯著降低，到二十世紀，這種模式也見於其他國家，而且步調更快。❶ 一八七〇至一九二〇年，西歐多數國家的生育率下降三〇％到五〇％（圖8），美國甚至降得更快。❷ 生育率如此驟然崩跌，再加上經常先發生的死亡率下降，可稱為人口大轉型。

人口大轉型推翻了馬爾薩斯機制中人口成長的假設。突然間，所得增加不再流向扶養更多人口；「多餘的麵包」不再必須由更多子女分享。反而人類史上首次技術進步最終導致生活水準提升，宣告停滯時期的終結。生育率下降鬆開了馬爾薩斯陷阱的控制，預示現代持續成長的時期誕生。❸

為何會發生人口大轉型？從現在的有利角度去看，或許有人認為避孕法是一大主因。當年沒有各種現代形式的節育法，最常用的避孕方式便是古老的策略：晚婚、禁慾，當然還有體外射精法。西歐在

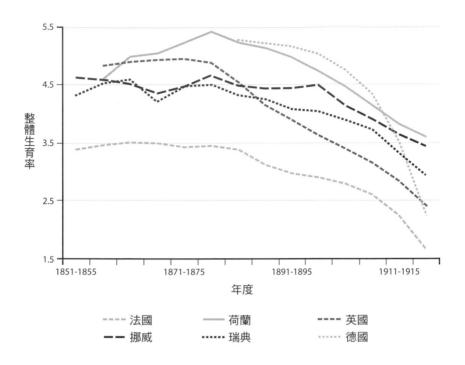

圖 8　西歐國家婦女平均生育率，1850-1920

缺糧時期，平均結婚年齡上升，也盛行禁慾，造成出生率下降。確實
如英國國會議員威廉・柯貝特（William Cobbett）所說，這是「男性
能夠工作，也願意工作，卻無法養家活口的社會，應該在婦女大力配
合下強制過著無性生活，以免生下的子女要挨餓」，柯貝特反對工業
革命帶來的種種改變不遺餘力。❹ 反之在富足時期，平均結婚年齡下
降，出生率隨之上升。這有「歐洲婚姻模式」之稱，盛行於十七世紀
到二十世紀初年（圖 9）。❺

　　其他地方則是靠習俗，如歐亞大陸及北非社會的嫁妝，及撒哈

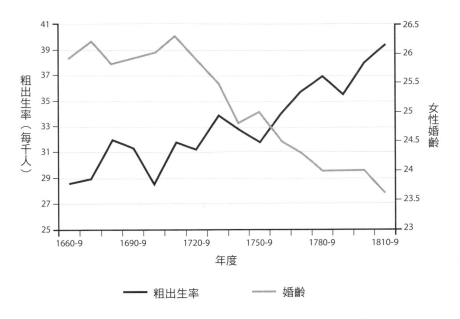

圖 9　英國婦女生育率及婚齡，1660-1820 ❺

拉以南非洲、亞洲、中東、大洋洲等地的「聘金」，更加鞏固生活水準、婚齡與出生率的連結。在豐足時期，有較多家庭付得起這些錢，就讓兒女在較年輕時嫁娶，以致婚齡下降，出生率上升，在困乏時期，負擔得起這些財富轉移的家庭變少，婚齡延後，生育率也降低。

　　誘發性流產在前工業社會很常見，最早至少可上溯至古埃及。❼例如故意以粗重的體力活動，像是費力勞動、爬高、舉重物或潛水以造成流產。其他方式包括禁食、對腹部澆熱水、躺在加熱的椰子殼上、服用草藥如羅盤草（在羅馬帝國滅亡前已絕種，有可能是由於過度使用）。另有證據指出，埃及、希臘、羅馬等古文明也曾使用殺精

劑及原始保險套。❽

　　不過所有這些節育方法史上一直存在，也並未在人口大轉型前夕發生變化，所以這麼重大、突然、普遍的生育率下降，必然有更深遠的刺激因素。

人口大轉型促因

人力資本回報增加

　　如前一章提到，為因應快速變遷的技術環境，教育的重要性與日俱增，這促成人力資本形成。在製造、貿易、服務業有許多職位現在的條件是能讀寫、能做基本算術運算、能從事許多機械技能，所以父母有誘因投資於子女的讀寫力、計算力、各種技能甚至健康。於是人類歷史由來已久，父母被迫在**質量間做取捨**的平衡，此時產生變化，以致突然發生生育率劇降的人口轉型。❾

　　在人類史上，更早以前也出現過類似模式。比方西元前一世紀時，猶太長老規定，所有父母均應讓兒子讀書，為付學費而頭痛的猶太農民，面臨毫無餘地的抉擇：或是像許多人一樣，不遵守甚至放棄猶太教，或是接受少生子女。❿ 久而久之這種義務逐漸提升猶太人願意為子女教育投資的比例。

　　到工業革命期間，技術進展又在幾個關鍵層面影響到質量的取捨。一來它使父母收入增加，這代表父母如果願意，就可以投資更多

在子女身上。這種**所得效應**使投入扶養子女的整體資源增加。其次，賺錢能力成長也擴大養育子女的**機會成本**：即父母為養育子女不去工作必須放棄的收入。這種**替代效應**造成生養子女數減少。

可以想見，在歷史上是所得效應高於替代效應，所以出生率上升。實證研究的確顯示，在馬爾薩斯世及工業化早期，家庭所得增加就會得出這種結果。不過在人口大轉型時代還有其他力量發揮作用。❶ 讀過書的人特別享有新就業機會，促使父母拿出更高比例的收入去支付子女教育費，進一步壓抑所得效應可能提高生育率的程度。到最後父母投資子女教育的**回報**壓倒所得效應，迫使生育率下降。

此外，因技術進步引發的幾項重要變化也增強這種機制。平均壽命激增及幼童夭折率降低，使教育的可能**回報期**延長，更提高投資人力資本和減少生育的意願。技術發展及產業對教育的要求提高也產生了連鎖反應，降低童工的相對生產力，以致降低賺錢的能力，從而抑制生養子女做為勞力來源的意願。最後由鄉下遷往生活費用高的城鎮，增加養育子女的開銷，更為生育率降低增添助力。

普魯士宗教改革的地理分布提供一個類自然實驗，透露出增加教育投資對生育率的影響。一五一七年十月三十一日，馬丁‧路德（Martin Luther）在威登堡的諸聖堂大門釘上《九十五條論綱》（Ninety-Five Theses），抗議教會出售贖罪券，引發宗教改革。路德主張，教會不扮演在人與上帝之間中介的角色，他鼓勵獨立讀聖經：這激進的看法促使信徒努力讓子女識字。一五一七年前的證據顯示，某地與威登堡的距離遠近並不會影響其經濟或教育發展；可是一五一

七年後，當宗教改革浪潮向威登堡以外傳出，鄰近地區的父母接觸這些革命性思想較多，投資於子女讀寫力的意願也較強。宗教改革對人力資本的形成影響始終不斷，直到三百五十年後，普魯士接近威登堡的郡，教育程度都比較高，在質量取捨方面，也出現生育率下降，高出距離威登堡較遠的郡。❷

　　另一個發生於美國的類自然實驗，也顯現出教育與生育率相關。洛克菲勒衛生委員會（Rockefeller Sanitary Commission）一九一〇年在美國南部，推動消除鉤蟲的新計畫。當時已知道這種腸道寄生蟲會影響受感染的學童，在學校注意力較差，所以除蟲可提高學習力及完成課業的能力。即如果該計畫成功，對學童人力資本的投資報酬會增加，後來它也確實很成功。比較這項活動的受惠地區與未受影響的類似區域的父母的生育率變化，結果發現子女受教育的回報較多，確實引起父母生育率下降。❸

　　質量取捨對生育率下降的作用也見於其他國家，如中、法、英、愛爾蘭和韓國。過去數十年對開發中社會的跨國分析也發現相同情況。❹ 尤其一五八〇至一八七一年的英國數據顯示，家中每多生一個子女，其他手足能夠讀寫和學會專門技術的可能性就降低。❺ 十三至二十世紀的中國證據同樣指出，生長在較小家庭的孩子較可能投考嚴格的科舉考試。❻

　　人力資本對勞工生產力的影響，顯然並非父母選擇生育較少子女、讓他們讀書的唯一原因。前一章曾提到，千百年來社會都在為教育投資，其著眼點有宗教、文化、國家等因素，這些因素必然也會影

響生育率和技術創新。不過十九世紀末，在工業化國家特別盛行投資人力資本和提供公共教育，實非巧合。這種現象與人口轉型同步發生，也不是巧合。

另有一個重要的促因：工資性別差距縮小，婦女受雇就業興起。

薪資性別差距下降

英、美規定薪資歧視不合法，至今已超過半世紀，可是儘管女性教育程度超過男性，英、美及全世界婦女的平均薪資仍低於男性。造成男女薪資差異的原因不一而足：高階職位和高薪領域，雇用男性較多；請產假對職涯發展和有薪工時不利；以及直截了當的歧視。

還是不久以前，男女薪資的差距比現在大得多，自第二階段工業化開始以來，差距在全球各地都顯著減少。一八二〇年，美國婦女的平均薪資僅及男性的三〇％。一八九〇年，婦女薪資總額是男性的四六％，到二次大戰時比例提高到約六〇％。[17] 男女薪資差距縮小正逢婦女就學機會增加，或許也理所當然。一八四〇年英國男性識字率是六七％，女性五〇％，到十九世紀末差距大幅縮小，男女識字率都超過九〇％。[18] 西歐國家在工業化過程及開發中世界在二十世紀，也都是類似情況。[19]

各種經濟、文化、體制、法律、社會因素都對縮小男女薪資差距有貢獻。[20] 尤其是生產過程機械化，使傳統認為屬於「男性工作」的低技術、高體力勞動重要性降低，也使智力密集的工作變得重要，這兩種發展都降低所得和教育的性別差異。此外教育機會普及，加以立

法保障整體經濟的財產權，為女性選舉權撒下種子，以至於後來立法禁止性別歧視，並譴責性別歧視有違道德。

十九世紀初紡織業自動化，對婦女在家庭作坊手工織物的需求降低，英格蘭的男女薪資差別擴大，出生率上升。[21] 但走過十九世紀，各行各業的男女薪資差距大幅拉近。其部分原因是，生產過程快速機械化及智力技能重要性增加。[22] 確實有將近一個世紀，一八九〇至一九八〇年，美國技術進步較快的產業，女性就業率上升比男性多。[23]

女性薪資大漲，既促進又壓抑生育率。一方面女性薪資變多，減輕家庭預算限制，允許生養更多子女，這是所得效應。但是另一方面，女性薪資變多，增加生養更多子女的機會成本，較早讓女兒出嫁也是如此，於是婚嫁延後，出生率遭壓抑，這是替代效應。由於歷史上大多數文化，養育子女的負擔主要都落在女性身上，所以替代效應高於所得效應，生育率就會降低。[24]

因人力資本回報增加，引起出生率下降，在男女薪資差距縮小後，下降更多。一九一一年英格蘭和威爾斯的人口普查數據顯示，當女性工作機會增加，男女薪資拉近，出生率也會下降。[25] 檢視一八八〇至一九一〇年在德國、[26] 一八八一至一九〇〇年在美國、[27] 一八六〇至一九五五年在瑞典的紡織工廠，[28] 也出現類似模式。

所以這些豐富的歷史證據指出，工業革命期間的技術進展導致人力資本投資回報增加、男女薪資差距縮小、童工減少、平均壽命延長、更多人由鄉村移居都市，而這些因素又助長人口大轉型過程中的生育率下降。

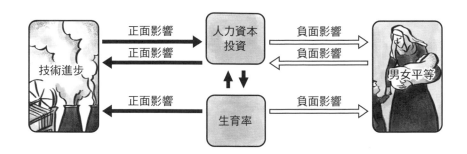

然而這種種巨大變化，如何影響一般家庭的日常生活？

三個家庭的故事

以三個虛構的家庭為例，分別代表不同歷史時期典型的生育率、教育程度和生活水準。第一個家庭生活於馬爾薩斯世，那時人們的經濟福祉長期不變，餘糧絕大多數流向養育更多子女。第二個家庭生活在工業革命初期，收入增加導致家中人口繼續增多，子女偶爾可接受訓練。第三個家庭生活於人口大轉型之後，其特徵是各家子女數減少，對子女教育的投資增加，生活條件大為改善。

第一個是凱利家，住在十六世紀愛爾蘭鄉下，擁有一小塊耕地。家裡有三個小孩：二女一子，幾個月前小女兒死於肺炎，全家仍在傷痛中。那一小塊田地收入很少，不足以讓家人溫飽。他們住在破舊簡陋的小屋中，下雨時屋頂會漏水，孩子常感冒、挨餓、因營養不良而生病。

凱利太太不免羨慕妹妹安妮。安妮嫁給鄰村富有的地主，已生

下五個健康的子女，他們會幫忙農事和家務。在某次家族聚會上，安妮的先生為大人們講有關馬鈴薯的故事，那種神奇作物來自美洲，前景看好。凱利先生有些疑慮，但妻子說服他冒險不種小麥、改種新奇的馬鈴薯。他們很快便發現，種馬鈴薯可自那一小塊田地擠出更多熱量。孩子們漸漸變得強壯，並開始協助父母，在附近的市集城鎮販售多餘的農產。

　　凱利家終於多出一些現金，有能力整修房屋和漏水的屋頂，也可在嚴寒冬季來臨前購買保暖衣物。不久凱利太太又懷孕了。他們夫婦很高興家裡即將添丁，生活也日漸好轉。由於這次凱利太太較健康，嬰兒也較健壯。家務由兩個大孩子負責，她可以餵母奶並照顧嬰兒。這個新生兒可以活到成人，前面三個孩子中的二個，以及很快還會再生一個孩子，都會長大成人。

　　凱利夫婦不考慮讓孩子去上學。他倆都不識字，熟人也都是文盲，唯有鎮長和最近鎮上的牧師是例外。他們的鄰居絕大多數是不識字的農夫。當地的鐵匠、木匠、漁夫、各種技工，靠本身技能的收入，也只比凱利家稍多。這些行業全都用不到基本讀寫能力，而是依賴從工作中學到的技能。需要受教育的職業如醫生和律師，就業機會很少，通常也專屬於貴族和資產階級子弟，他們讀的是遠方的菁英學院。所以凱利家缺少把有限收入花在子女學費上的動機，尤其那等於失去二個可下田和做家務的寶貴人手。

　　由於凱利家沒什麼理由投資於孩子的教育，便把種馬鈴薯獲得的多餘收入用於改善居住空間和飲食，並生養更多子女。可是他們身陷

馬爾薩斯陷阱，其財富很快便證明只是曇花一現。他們的子女也是，只要所得超出勉強維生所需，就會增加生育。可是家裡田地很小，生活水準逐漸下降。不出幾代的後人就會像祖先一樣生活困苦：家中人口不再成長，收入勉強餬口。到後來當馬鈴薯疫病肆虐愛爾蘭時，有些家人不幸餓死，有些則移民美國。

第二個是瓊斯家，生活於十九世紀初的英格蘭。他們也像凱利家一樣，有一棟破舊的房屋，耕種一小塊農地。瓊斯家也有三個小孩：二男一女，也在為最近夭折的么兒而傷痛，孩子死於天花。不過當時的英國，因為紡織、煤礦、金屬業的機械化，正處於改變的旋風中。大西洋兩岸的貿易也日益興旺。

瓊斯太太的妹妹愛倫新婚，搬到附近的利物浦，丈夫是那裡一家紡織廠的廠長。某次家族聚會時，他邀請瓊斯先生帶二個兒子一起到工廠做工。瓊斯起先有所遲疑，但妻子說服他接受這個提議。於是夫妻倆離開村子，遷居到利物浦。城市的工作並不好做，但是三個工廠工人的工資遠超過以往種田的收入。幾個月後，瓊斯家可以給孩子買新衣，也搬到較寬敞的屋子。

沒有多久，瓊斯太太又懷孕，生下健康的女嬰。瓊斯太太在家照顧嬰兒，瓊斯先生帶著長子威廉去見紡織廠的技工領班，表示願意付錢讓兒子當學徒接受訓練，學習相關技術。十幾歲的長子並不樂意當技工的學徒，覺得當學徒很辛苦，不過母親說服他，跟他解釋學會這種專長，可以拿到高很多的工資，隔壁家的女兒或許也會願意嫁給他。但是他的弟弟感到挫折。弟弟很清楚，父母沒有錢讓他受相同的

訓練；他必須忍受一輩子都做低下工人之苦。瓊斯夫婦除投資讓長子學技術，又再生了二個健康的小孩，他倆也注定貧窮一生。

瓊斯夫婦在世時，儘管有許多父母也開始投資子女的教育和技能，但生育率居高不下，越來越多張嘴嗷嗷待哺，徒然造成技術進步對生活條件的正面影響有部分被抵銷。然而瓊斯家與凱利家形成對比，他們已開始走上最終將脫離馬爾薩斯陷阱的路途；他們、他們的子女、尤其威廉的孫子女會隨著時間日益富裕。

第三個是歐森家，生活於二十世紀初的斯德哥爾摩，有一棟普通的房子。他們育有二子一女。幸好他們不像凱利家和瓊斯家為喪子而傷痛。在他們有生之年，整個西方世界的技術進步之快，令人眼花撩亂。他們周遭的新房子都接上電網，鄰居中務農的人少之又少。蒸汽火車頭和汽船把瑞典與歐洲各地連在一起；剛發明的汽車也開始駛過斯德哥爾摩街頭。

歐森夫婦會讀會寫，他們的熟人幾乎都是如此。他們結婚的年齡，比瓊斯夫婦和凱利夫婦晚，因為他們想累積足夠的財富再成家。歐森先生擁有一艘小漁船，歐森太太結婚前在紡織廠工作，現在在當地一家報社兼職，閒暇時投入婦女運動。歐森家的女兒不久就要入學；二個男孩讀完書，已開始就業，一個當送報生，一個在碼頭倉庫工作。

歐森太太的妹妹英格麗嫁給富有的銀行家，在郊區買下豪宅，子女也就讀昂貴的私立中學。在某年耶誕節午餐上，英格麗的丈夫向歐森先生提議到他們銀行去貸款，以投資新型蒸汽動力拖網漁船。歐森

夫婦感到猶豫，但還是決定把握這個機會。新漁船使歐森的漁獲量大增，他們夫婦賺進更多錢，便決定送兩個兒子去讀中學，在學期間不靠他倆的額外收入，只盼望孩子讀更多書，將來能找到體面、收入好的職業。

歐森夫婦所處的時代，正是人力資本的地位日益重要，使教育成為有力的地位象徵。教育暗示個人在社會層級中的位置，影響個人能否找到合適的配偶，能否建立有意義的社會與商業關係，還有很多其他方面。由於供子女讀書很花錢，歐森太太的時間也很寶貴，所以寧可不要再添孩子。斯德哥爾摩的生育率仍然高於死亡率，幸好人口適度的成長，只部分抵銷了飛速提升中的生活水準。

自智人出現於地球上，歷經數十萬年後，歐森夫婦是最早逃出馬爾薩斯陷阱的世代之一，那段時期在西歐和北美，與他們家一樣擺脫貧窮的多達數百萬人。歐森家生活品質的改善直接拜技術進步之賜，而且隨後數代不但未曾消退，反而改善更多。在十九世紀末，瓊斯家的後人會比歐森家族略早一點經歷人口大轉型，並自馬爾薩斯陷阱中解放，而凱利家的後人，也很快就會在二十世紀初擺脫那牢籠的束縛。

多虧人口大轉型，人類終於經歷了物態變化。

物態變化

自從有人類開始，技術進步總是促使人口漸增，也使有助於技

術再進步的特徵得以擴散。可是正如前面各章所說，數十萬年來，馬爾薩斯陷阱的引力阻礙了生活水準任何有意義且持久的提升。儘管如此，隱藏於表面之下，人類歷史的大齒輪——技術進步與人口規模、人口組成的交互作用——從一開始就在轉動。起先轉速無聲無息增加，之後卻越來越快，終於到十八世紀晚期引爆了工業革命的技術爆炸。一百年後，技術創新的加速度，影響到對受過教育的工人需求越來越大，因為這些工人能夠因應日新月異的技術環境，再加上平均壽命延長、童工減少、男女薪資差距縮小，引發了人口大轉型，從此經濟成長不再受制於人口成長的抵消效應。人類社會終於擺脫馬爾薩斯章魚的長手臂，令生活水準展翅高飛。

改變的齒輪

　　人類旅程的軌跡：走出馬爾薩斯陷阱，走入現代成長時代，這種發展現在看來似乎理所當然。可是其時機和速度曾受到其他十分關鍵的因素所影響。再回到前面的水壺比喻，水由液體變成氣體的確切時

刻雖然取決於溫度，但是也取決於溼度、氣壓等其他變數。在這些額外條件影響下，蒸發可能發生於高過或低於攝氏一百度的臨界溫度。人類旅程的物態變化也一樣，雖是由最深層的轉變引起，它推動各時代和地球各角落的技術進步，並使大多數社會擺脫馬爾薩斯陷阱，然而塑造及定義各社會的地理、文化、體制等因素，有時加速轉變，有時卻妨礙各地方前進的腳步。本書第二部分的目標，即在揭露這些力量，解讀其影響。

　　不過首先要問，假如自這種物態變化以來，我們所經歷的生活水準上升，後來證明只是一時的異常，該如何是好？要是像某些人認定的，當前的成長時代會突然中止，又當如何？我們是否真的已來到應許之地？工業化是否有利於長久的富足？人類目前的旅程是否能夠永續？

| 第六章 |

應許之地

　　十九世紀末，全球絕大多數人口住在無水電、馬桶、下水道或中央暖氣的房屋裡。飲食是粗茶淡飯，單調乏味，沒有電冰箱可用，更別提洗衣機、洗碗機。很少人甚至能夠想像，以汽車、更不用說以飛機為日常交通工具。當時無線廣播才剛發明，電視和電腦尚未存在，用電話溝通十分有限，單是行動電話或網際網路的概念，對大多數人而言，都像是巫術。

　　不過這些生活條件一轉眼就改觀。美國家戶有自來水的比例，一八九〇年是二四％，一九四〇年提高到七〇％，有室內馬桶的由一二％增至六〇％。一九〇〇年美國人只有少部分家裡有電燈，到一九四〇年已有數百萬家庭接上電網，其中八〇％使用電燈。二十世紀初首見的中央暖氣很快就散布至全美國，到一九四〇年有四二％家庭以它取暖。雖然早幾十年，大部分美國家庭無法想像能擁有汽車、電冰箱或洗衣機，不過到一九四〇年，近六〇％的家庭有汽車，四五％有電冰箱，四〇％有洗衣機。❶ 同一時期，其他西方國家也出現類似趨勢，自二十世紀後半則陸續發生於世界其他地區。在這些數字背後代

表的是一般人生活品質顯著改善，其幅度之大，對生活於現在的我們，從未經歷無水電或室內廁所的日子，是很難領會的。

健康無疑是生活品質最重要的因素之一，全世界在這方面也經歷了大躍進。現代醫學是在二十世紀後半才出現，不過早在很久以前，由於法國科學家路易·巴斯德（Louis Pasteur）證明細菌致病論的貢獻，加以隨後二十世紀初，主要城鎮紛紛設置下水道及供水網，使傳染病死亡率大減。接著數十年內，引進及廣為施打預防疾病如天花、白喉、百日咳等的疫苗，使死亡率更為下降。

這前所未有的生活水準提升大幅延長平均壽命。長久以來，人類的平均所得只能勉強維生，平均壽命在很小的範圍內擺盪，不出三十到四十歲。資源變化加上戰爭、饑荒、傳染病，會導致出生率和死亡率一時升降，但平均壽命保持相對穩定，因為馬爾薩斯機制會阻止生活條件有持久改善或惡化。但是到十九世紀中葉，人均所得開始史無前例地上升，平均壽命開始大幅上升（圖 10）。這些趨勢也是從十九世紀中葉起，先在工業化國家，與擺脫馬爾薩斯陷阱同時發生，到二十世紀後半，繼續發生於開發中國家，主要影響的是社會最窮困的階層，他們最易受風寒、饑餓、疾病之苦。

這些公共衛生的改善，增進了技術進步與人力資本形成的良性循環。技術進展促成發病率降低，平均壽命升高，這轉而激勵對教育投資，並促成更多技術創新。尤其是瘧疾在二十世紀初自美國南部根絕，到二十世紀中葉與末期，又自巴西、哥倫比亞、墨西哥、巴拉圭、斯里蘭卡等國家絕跡，這改善的不只是兒童的健康，還有他們未

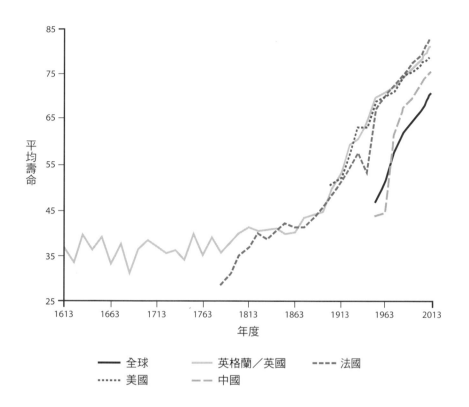

圖 10　全球平均壽命（以出生年計）演進，1613-2013❸

來數十年的教育、技能和賺錢能力。❷

　　當然個人生活水準不只關係到健康、物質享受和身體舒適，也受到個人存在的社會、文化、精神層面所影響。在這些方面，當時的科技進展提供更寬廣許多的資訊管道、文化交流和社會接觸，使實質距離不再是問題。相關的第一項重大進展是谷騰堡的印刷術快速普及，促進資訊和文化，藉由書籍與報紙廣為散播。繼而是十九世紀羅蘭．

希爾（Rowland Hill）爵士倡議英國郵務改革，使一般民眾也可相互通信，而發明電報，相當於資訊傳輸技術的量子化躍進，使遠距離如大西洋兩岸的通訊，幾乎瞬間便可完成。

然而在如此快速變遷時代，連電報這般了不起的發明也很快便失去光環。出生於蘇格蘭，後移民加拿大，再移民美國的發明家亞歷山大‧貝爾（Alexander Graham Bell），在一八七六年用他新發明的電話機，打出第一通電話。到二十世紀初，全美約有六十萬具電話可通話，到一九一〇年增加十倍，達到五百八十萬具。❹ 同時期丹麥、瑞典、挪威、瑞士的人均電話使用量，同樣令人咋舌。❺ 我們很難體會，二十世紀初全球各地的人們所經歷的生活品質大躍進。他們突然不必以信件等候數週（或更久），或花大錢發簡短電報，即可與遠方的親友、同事互通訊息。

這段時間的進展還有獨特的文化層面。當愛迪生在一八七七年完成留聲機的構想時，希望用留聲機來記錄重要政治演說及教授演講術。可是到一八九〇年代，留聲機在咖啡廳和餐廳播放音樂，二十世紀初時進入私人家庭。留聲機確實轟動一時，不過就一般人接近文化與娛樂而言，最大的進步仍有待義大利發明家古列爾莫‧馬可尼（Guglielmo Marconi）在一八九五年發明無線電。

無線傳輸技術出現於十九世紀末，立即受到航運業青睞。一九一二年「鐵達尼號」撞上冰山時，曾發出遇險的無線電訊號，可悲的是船上的應答器（譯注：可自動發出訊號，表明船隻身分）被關掉，發出的訊號未被接收，否則這場悲劇會有不一樣的結果。因一次世界大

戰，無線廣播技術短暫延後進入公開市場的時間，首次商業廣播到一九二〇年十一月才在美國完成。不過一九二〇年代，有許多廣播電台如雨後春筍在歐洲、北美、亞洲、拉丁美洲、大洋洲各地紛紛設立，包括英國廣播公司（BBC）、巴黎電台（Radio Paris）、柏林無線時光（Funk-Stunde AG Berlin）。廣播對生活方式與文化的影響，似乎比所有先前的發明更為劇烈。對很多在窮鄉僻壤的家庭而言，廣播是他們接觸外界的唯一管道，帶來許多該國首都的政治發展、現代音樂及海外新聞。就像電影《歲月流聲》（*Radio Days*，譯注：名電影導演伍迪艾倫一九八七年的作品，又譯《那個年代》）裡描述的，一九三〇、四〇年代的美國，是沈醉於廣播節目的國家。當威爾斯（H. G. Wells）的小說《世界大戰》（*The War of the Worlds*）在一九三八年改編為廣播劇時，曾造成聽眾恐慌。某次現場轉播拯救掉入井裡的八歲女童，也引起全國關注。

　　自盧米埃（Lumière）兄弟拍攝的電影，一八九五年首度在巴黎上映後，二十世紀前五十年電影蓬勃發展，捧紅卓別林（Charlie Chaplin）、瑪麗・碧克馥（Mary Pickford）及其他演員成為國際巨星。黑白默片很快便由特藝七彩（Technicolor）的有聲電影（talkies）所取代。一九三九年全世界千百萬的影迷，看到《綠野仙蹤》（*The Wizard of Oz*）的五光十色，無不感到震撼：「托托，我覺得我們已經不在堪薩斯了……」桃樂絲（茱蒂・嘉倫〔Judy Garland〕飾演）對她的狗說：「我們一定是在彩虹上！」的確，經過一個多世紀令人頭暈目眩的技術進步，有許多人看似終於登上了彩虹。

　　真是這樣嗎？隨著令人喘不過氣來的技術發展及生活水準長足進步，人類卻在二十世紀前半也經歷了數次大災難。有數千萬人死於一次大戰的戰壕裡，一九一八至二〇年則是西班牙流感肆虐全球。一九二九年開始的經濟大蕭條（Great Depression）不僅把許多國家推入貧困與失業，也使毀滅性政治極端主義興起，於是十年後，暴虐橫行的二次世界大戰開出第一槍。

　　而在某些最先進的社會，那段期間生活條件的提升，並未平等地由社會各階層共享。機會不均、歧視、社會缺乏公義，導致嚴重的社經不平等，反映在種族偏見、性別歧視及奴隸制黑暗時代的遺毒上。健康與教育的差距反而更大，公民自由仍是某些人的特權，其他人享受不到，不公不義在某些情況下更為猖狂。

　　好在即使過去百年來曾發生這些可怕的事，到最後仍未使人類偏離經濟持續成長的新階段，及人類進步的大方向。從更廣的角度來看，人類整體生活水準總是很快便由每次災難中復原。

　　人類的進步忠實地呈現於人均所得，自人口大轉型開始，在全球各地有超過以往的成長。一八七〇至二〇一八年間，全球人均所得平均值以過去難以想像的一〇‧二倍，激增到一年一萬五千二百一十二美元。美、加、澳、紐的人均所得，增加一一‧六倍，達到五萬三千七百五十六美元；西歐增加一二‧六倍，成為三萬九千七百九十美元；拉丁美洲一〇‧七倍，成為一萬四千零七十六美元；東亞一六‧五倍，成為一萬六千三百二十七美元；非洲的成長幅度雖然小得多，但仍增加四‧四倍，一年有三千五百三十二美元。❻

　　隔一段距離去觀察，過去這二百年的主要趨勢是世界經歷大轉變：由大多數人是文盲和貧困農民，天天做牛做馬卻吃不飽、穿不暖，生養許多小孩卻有將近半數活不到成年，轉變為大多數人可預期子女能活得更久，可享受多變化的飲食、娛樂和文化，在相對較不危險、較不辛苦的環境中工作，並獲益於更高所得和更長壽命。迄今為止，運用技術進步來創造、促進機會平等，減少人類苦難、建立更美好世界的力量超過了利用技術進步來累積權力、破壞、壓迫的力量。

　　不過當我們思考這種成長的永續性時，近數十年來有一個重大而十分有趣的轉變需要更深一層的反省：到二十世紀末生活條件的繼續提升，不是拜工業製造之賜，反而可能要依靠少製造。這代表什麼意義？

工業好景不再

　　十九世紀後半，西方世界成長最快的工業城之一興起於北美大湖區岸邊，就是密西根州底特律。由於市內有雄偉的建築、寬廣的街道，道路兩旁是使用電力的路燈，所以有「西部巴黎」（Paris of the West）之稱。連接芝加哥到紐約及美國東岸其他地區，是一個廣大商業網，底特律正位於其心臟地帶。二十世紀初，亨利・福特（Henry Ford）在此創辦極為成功的福特汽車公司（Ford Motor Company），不久便吸引眾多企業家來此，使底特律成為全世界汽車業中心。底特律在一九五〇年代達到頂峰，有一百八十五萬居民，成為美國第五大

都市。汽車工人的工資高過其他產業的工人。汽車公司也雇用大量經理人及工程師，極優渥的收入使他們能在郊區蓋豪宅，在昂貴餐廳用餐，在底特律奢華的劇院看戲。

但是底特律的好運在一九六〇年代開始反轉。汽車業競爭加劇，有些車廠為節省勞動成本，將部分生產作業轉至墨西哥、加拿大及美國南部各州。這造成居民外移；有些地方整個變成鬼城。隨著底特律經濟不斷下滑，一九六七年暴發連續五天的暴動，造成四十三名居民喪生。底特律深陷貪腐、犯罪、失業的泥淖中，這種形象通過《機器戰警》（*Robo-Cop*）等電影進入大眾文化之中。二〇一三年底特律市政府申請破產，當時累積的債務打破所有其他美國城市的紀錄。目前底特律人口不到一九五〇年代的三分之一，有無數街道兩旁只見廢棄無人管的建築，與光輝的往日形成可悲的對比。

底特律的故事並非特例。美國東北部與中西部工業心臟地帶，有很多別的城市，如水牛城、克里夫蘭、匹茲堡，在二十世紀後半都經歷了嚴重衰落，這模式使那一帶被冠上不太好聽的稱號「鐵鏽帶」（Rust Belt）。英、法、德及其他已開發國家同樣有在二十世紀初興盛發達的工業區，後來卻遠落後鄰近地區。事實上自一九八〇年剛過，整個已開發世界就親歷了製造業就業機會全面衰退。先進經濟體的製造業就業人口占比，由一九七〇至七九年的二五％，劇降至二〇一〇至一五年的一三％；[7] 英國製造業雇用的勞動人口，在一九八一至二〇一九年間，由二一‧八％降至七‧六％；[8] 美國由二一％降至八％。相形之下，新興市場及開發中經濟體，製造業就業人口只從一

九七〇至七九年的一三％，略減為一九八一至二〇一九年的一二％；
❾ 同一期間中國卻從一〇％大增為二一％。❿

　　從前面各章可看出，西方在工業革命時期生活水準提高，主要歸
功於人力資本形成及技術加速進步，兩者相輔相成。當時的技術進展
催生了工業化，但生活水準的提升並非工業化過程一時的結果。其實
在工業化早期階段，這兩者是齊頭並進，人均所得隨工業一起成長，
但是在二十世紀，低技術產業的變動趨緩，工業化對生活水準的影響
也有所不同。低技術產業無法鼓勵、反而是抑制培育人力資本和經濟
成長，就像過去的農業。

　　以法國為例。在十九世紀中葉，工業化及經濟成長快速的地區，
直到一九三〇年代都相當富裕，但到二十一世紀初卻落後其他工業化
較慢地區。工業心臟地帶專長於製造業，使居民們在短期內富裕起
來。可是時間一久，產業部門如果只仰賴受過基礎教育的工人，便降
低這些高度工業化地區投資更高教育的意願，當地人口也更無升學的
志向。於是低技術產業地區與以高技術產業和服務業為主的地區，在
人力資本的形成上隨時間而日益擴大差距。繼而這又妨礙過去的工業
重鎮採納需要更高教育程度的技術，使它們更加傾向於著重低技術產
業，想要興盛更為不易。⓫

　　製造業的重要性相對降低，其後果反映在近年來某些備受矚目的
政治事件上。二〇一六年唐納・川普（Donald Trump）競選總統時，
便以承諾讓美國產業「再度偉大」為號召。而支持川普的主力確實有
不少來自鐵鏽帶各州，如印地安那、密西根、俄亥俄、賓州，還有因

產業沒落而空洞化、失業情況嚴重的其他地區。

英國近年脫離歐盟或許也與製造業衰微有關。在製造業工作或居住在仰賴工業生產地區，如英格蘭東北部的人，較可能投票贊成脫歐。[12] 在法、德、英及其他已開發國家，政治人物經常以補貼、關稅、配額及各種優惠協助本國產業，希望能勸阻企業把生產作業轉移到工資低很多的開發中國家，可惜效果不彰。

依靠有限基礎技術的產業傳送經濟成長雙引擎：技術進步及人力資本投資的火炬，去點亮服務業、金融業、數位科技業等新部門。工業城與工業區風光不再，當地社群深感挫折，有些年長工人永久失去生計，也有大量年輕居民被迫連根拔起，移居他地去找工作。不過投資整體人力資本，提供全方位基礎教育及可轉移應用的技能，越來越多在沒落產業工作的工人可轉往經濟中景氣好的部門，並享受生活水準繼續提高的果實。

低技術產業在西方社會式微教給我們重要的一課，開發中國家在分配資源時最好以形成人力資本及技術密集產業為重，而非發展傳統低技術密集產業。[13]

成長年代的普及

二十世紀後半，改變的巨輪繼續以越來越快的速度轉動。在這段期間，成長的年代終於降臨全球各經濟體，並拉抬地球上數十億人口的生活條件，只是往往非常不平均。這種轉變讓我們再次看到，人力

資本對改善現代世界的生活品質扮演多麼關鍵的角色。這種趨勢使得美國經濟史學者克勞迪雅‧高定（Claudia Goldin）將二十世紀稱為「人力資本的世紀」。

二十世紀的重大科技突破：利用核能、發明個人電腦、發明抗生素、汽車和飛機更為進步，還有廣播電視，當然少不了網際網路。然而除去這些嶄新的發明，技術變革也使最悠久、最基本的農產品獲得升級。人類開發出抗病蟲害、產量特高的小麥、玉米、稻米新品種，使農業生產力幾乎一夕之間就升高。這項進步有「綠色革命」之稱，因採用多產的新穀物使收成暴增，減少了全球各地的饑荒。多虧它們，墨西哥在一九六〇年代達到穀物自給自足，印度和巴基斯坦一九六五至七〇年的小麥收成幾乎增加一倍，並在一九七四年達到穀類生產自給自足。

另有許多其他創新的例子，主要在組織架構而非科學技術上。一九六八年國際標準化組織（International Organization for Standardization）建議，以美國創業家馬爾康‧麥克林（Malcolm McLean）設計的現代綜合運輸貨櫃做為全世界標準範本。各種運輸形式都採用這種統一設計，港口裝卸貨物效率因此大增，降低許多貨運成本，國際貿易因而更加活絡。

這些技術的普及也像過去一樣，造成對人力資本形成的需求變多，價值提高，把人口大轉型帶向地球各個角落。一九七六至二〇一六年，由於全球對人力資本的投資成長，以致全世界成人的識字率，女性由六一％增至八三％，男性由七七％增至九〇％。而小學學齡

女童**未**就學比率，由一九七〇年三五％降至二〇一六年一〇％，男童由二〇％降低至八％。不過更引人注目的是，在世界銀行（World Bank）定義為「低收入」的國家，學齡女童未入的比例，由一九七〇年的七二％降至二〇一六年的二三％，學齡男童由五六％降至一八％。

　　正如讀者現在都預料得到，凡是人力資本形成在成長中的國家，出生率就會下降（圖 11）。

　　二十世紀後半有許多開發中國家終於打破馬爾薩斯陷阱。亞、非、拉丁美洲各地的家庭開始生育較少子女，但投資更多於已生的子女。自一九七〇至二〇一六年，全球平均生育率由每位母親五名子女降為二‧四個。這種趨勢以不同程度發生於全球各地區。高所得國家的生育率，由每位婦女平均三個子女降至一‧七個；低所得國家由六‧五個減為四‧七個；撒哈拉以南非洲由六‧六個降為四‧八個；阿拉伯世界由六‧九個降為三‧三個；世上人口最多的國家也顯著下降：中國由五‧七降至一‧六，主要是一九七九年實施的一胎化政策，印度則由五‧九降為二‧三。事實上有些最先進國家包括德、義、日，不計入移民，因目前的生育率低於遞補率，預計未來數十年人口會減少。

　　出生率降低，加以經濟快速成長，全球各地的生活水準都大幅改善。一九七〇、八〇年代，全球近四〇％的人口生活於貧窮線之下，世銀所定的貧窮門檻是每日所得一‧九美元（圖 12）。特別到一九九四年時，非洲撒哈拉以南地區有六一％的人仍生活在貧窮線下，而

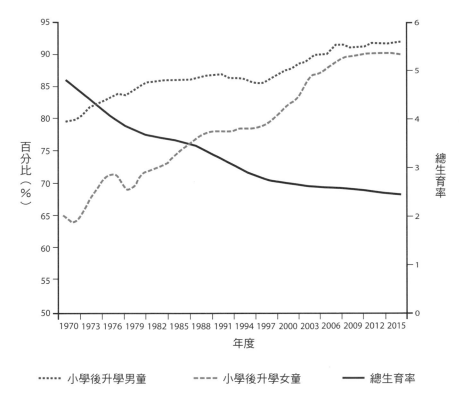

．．．．．．小學後升學男童　　－－－－－小學後升學女童　　——總生育率

圖 11　全球就學率成長生育率降低，1970-2016❶❹

世上人口最多的國家，中國一九九〇年有六六％，印度一九七二年則有六三％生活在貧窮線下。近數十年這比例下降的幅度很大，但不包括非洲撒哈拉以南地區。目前全世界約有一〇％的人仍生活在貧窮線下：非洲撒哈拉以南四〇％，但拉美與加勒比海不到五％，在全球最大國家的比例，印度二〇一一年降至二二％，中國的成績更可觀，在二〇一六年降至一％。

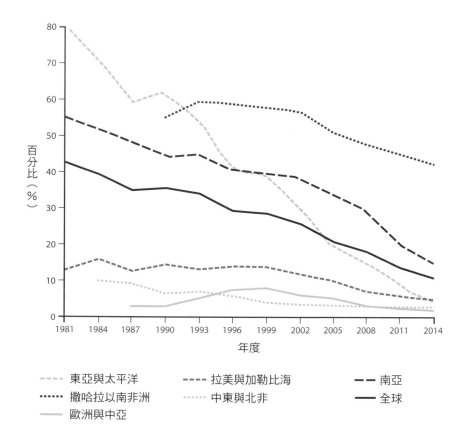

圖 12　全球貧窮線下所得水準人口比例下降，1981-2014[15]

　　經濟成長對生活水準的貢獻從眾多健康指數可以看出。一九五三到二〇一五年，全球平均壽命由四十七歲延長到七十一歲，嬰兒死亡率同樣下降許多。這了不起的進步代表有幾十億兒童在上學，有幾十億婦女在講究基本衛生的醫院生產，有幾億老人享有財務支持。這代表在全球很多地方的生於二十世紀末的兒童，將是能夠超越日常生存

之苦的最早一代，不止夢想更美好的未來，並有理由預期更美好的未來，生活品質會不斷進步。

當然在任何時空中，經濟成長的腳步也會受各種暫時因素的影響。許多國家在二戰後出現一陣強勁且快速的經濟成長，部分歸因於戰後的重建工作。反之在一九七〇、八〇年代，因一九七三年的石油危機，加上人口趨勢，全球成長速度變慢。到一九九〇年代，多虧資訊科技革命、全球化、委外代工、中國與其他開發中國家驚人的擴張，成長又開始加速。最近的二〇〇八年金融危機及新冠肺炎疫情對全球成長軌跡造成暫時的負面效應。不過就算因重大危機造成短期波動，西歐及北美過去一百五十年，即從人口大轉型以來，經濟成長維持平均每年約二％。

英國經濟學家約翰·梅納德·凱因斯（John Maynard Keynes）最著名的警句之一：「長期看來，人都會死」。這句話是在批評專注於長期發展的經濟學者不注重短期危機對千百萬人民生活的立即影響。❶ 可是凱因斯這句名言會引起很大誤解。其實在很大程度上，我們都是出生前數十、數百、甚至上千年前起頭的各種事件與行為的產物，那些後果影響、也挑戰我們。在本書第二部分會看到，當前社會層次的經濟繁榮，大都是深度歷史、地理、體制、文化的特色所導致，而非譬如二戰暴行和破壞的嚴重後果，或經濟大蕭條的毀滅式影響。人類在這些事件期間及事後受到的痛苦的確很可怕。然而就當時及之後，人類損傷的嚴重程度而言，那些事件對社會（而非個人）生活條件的影響極為短暫，通常數年或數十年便會消散，而本書探討的那些

根本力量，影響會持續數百、數千、甚至數萬年。

近幾十年來，雖有許多開發中世界的區塊加入成長的時期，也有數十億人脫離有饑餓、疾病、動盪之虞的生活，但逐漸逼近的新危險：全球暖化，卻已悄然而至。究竟這現象，即使可能危害好幾代歷經它的人，最後卻證明也只是一時的影響，還是將使人類偏離至今走過的正軌，帶來最悲慘、最持久後果的單一歷史事件？

經濟成長與環境惡化

人類對環境帶來令人憂心的影響是工業革命起的頭。❿ 自工業革命初期以來，主要工業城的污染便居高不下，形成我們當前面臨的氣候危機。尤其燃燒化石燃料，使地球大氣層內吸熱的溫室氣體含量上升，助長全球暖化。預期未來數十年地球各地溫度升高將導致劇烈環境變化，造成大量動植物物種滅絕，破壞地球生物複雜的平衡。還不止於此，預測海平面上升將使數千萬人流離失所，影響全球糧食供應，帶來嚴重經濟損失及人類苦難。逐步採行環保規範及環境永續技術，例如善用太陽能和風能、廢棄物再生與管理、廢水處理等等，部分緩和了這一趨勢，然而人類對地球的污染仍然令人恐慌不安。

過去曾有過預言，指地球養活不了爆炸的人口，會有許多人挨餓，但綠色革命期間食物供給明顯增加，加以人口成長逐漸下降，證明這些預言多半不對。不過過去二百年來，世界人口增為七倍，人均所得成長十四倍，全球消費暴增，是環境惡化的主要驅力。有人擔心

我們所知的人類旅程，恐怕難以再續。由於改用永續能源的步調不夠快，對生態不友善的商品還在繼續生產，以致有越來越多人認為，為避免環境災難，有必要減緩經濟成長的速度。[18]

經濟成長與保育地球自然環境真的無法相容嗎？我們一定要在這兩者間做抉擇嗎？不見得。[19] 有跨國分析發現，人口成長導致的碳排放量增幅，比同樣數目的人物質條件增加所產生的碳排放量還多上十倍。換句話說，儘管所得總額完全相同，但有五千萬人口、人均所得一萬美元的地區，比一千萬人口、人均所得五萬美元的地區，碳排放量要多出很多。這代表生育率降低促成的經濟成長——相對於因工作年齡人口增加而產生的成長（經濟學稱為「人口紅利」）——可使預測的碳排放量大幅減少。

其實自人口大轉型開始以來，生育率的下降已減少人口指數型成長對環境造成的負擔。所以工業革命雖引發現階段的全球暖化，但與它同步發生的人口大轉型很可能會減緩其影響，降低也許必須在經濟成長與保護環境兩者間的權衡取捨。一面維持經濟成長，一面緩和環境進一步惡化，以降低「崩潰」發生的可能性，基本上也有賴於導致目前處境的某些關鍵因素：以技術創新促進遠離對化石燃料的依賴，改採對環境友善的技術；以降低生育率減少人口對環境造成的負擔，並使經濟更加成長。正如美國科技專家、企業領導人、慈善家比爾·蓋茲（Bill Gates）所說：「今後十年我們應把重心放在能夠引領我們走向在二〇五〇年前消除溫室氣體的科技、政策及市場架構。」[20]

讓全球生育率降低的政策與架構應包括促進全球性別平等、提供

教育機會、供應避孕工具等。這些措施可以緩和當前全球暖化趨勢，為我們爭取寶貴時間來開發對抗暖化所必要的顛覆傳統的技術。像這樣對人口措施正式背書，或許能在大多數開發中國家贏得更多政治支持。傳統的氣候政策建議：採用潔淨能源技術，實施環保規範，在管理和執行上代價很高，而節育相關政策有促進經濟成長兼顧環境保育的好處。

　　只要人類不自滿，並投入適當資源，藉著人力資本形成所帶動的進步年代那種極為壯觀、不可思議的創新力量，以及生育率降低，應可讓我們有時間促成革命性技術的發展，那些技術對於在未來數百年度過氣候危機，是不可或缺的。

| 完結篇 |

解開成長的奧秘

　　人類的發展歷程獨一無二、高潮迭起，與地球上所有現存其他物種的演化南轅北轍。早期人類漫步於東非大草原上，用火照明、取暖、煮食，並削切石塊製作刀刃、斧頭及其他工具。幾百萬年後，他們的一個後裔寫下本書，他寫作用的攜帶式裝置可在一瞬間完成複雜的數學計算。那裝置使用的奈米技術處理器，比僅僅五十年前用於人類登陸月球的電腦，處理能力快十萬倍。

　　把人類帶上這特殊旅程的第一道火花是人腦的發展，而人的腦力越來越發達，是出於要因應人類獨有的演化壓力。藉著威力強大的頭腦，人類逐步發展出更好的技術，改善打獵和採集的效率。這些進步使人口得以增長，但凡使人類更有能力運用這些技術的特質，就增加生存優勢。於是出現**技術人**（*Homo technologicus*）：手指適於整治原料，做成好用的狩獵及烹煮器具；手臂發展為能夠擲矛；腦部演化為可儲存、分析、傳遞資訊，可用語言推理及溝通，可促進合作及複雜的交易關係。

　　數十萬年來，這些過程不斷增強人類對不停變化的環境的適應

力，使這個物種不斷興盛成長，並在冒險走出非洲時，散布於有利的新生態棲位中。人類學會在不穩定的天候下保護自己，也針對各種棲息地精進其狩獵和採集技能，直到約一萬二千年前經歷了首次重要轉型：有部分人類採取定居生活型態，開始種植糧食，對整體原始人類形成須跟進的演化壓力。

新石器革命對人類產生持久的影響。在不過數千年內，大多數人類均已放棄遊牧生活，開始耕耘土地，飼養牛羊，適應新生活環境。農業社會受惠於長達數千年的重要技術優勢。灌溉及耕種法的技術創新，增加農業產量，提高人口密度，促成專業分工，並出現非糧食生產階級，致力於創造知識。他們刺激更多技術進步，還有藝術、科學、寫作的進展，導致文明的肇始。人類的聚落逐漸轉變：由農家轉為村落，村落擴大為鄉鎮及有圍牆的城市。城市中生出壯麗的宮殿、廟宇、城堡，也是菁英分子聚集地，他們建立勇猛的軍隊，為土地、名譽、權力與敵人廝殺。

人類歷史上大部分時期，技術進步與人口成長交互作用，形成彼此反覆增益的循環。技術進步使人口增加，並鼓勵能適應技術創新的社會特質；而人口變多加上要適應環境，一方面擴大發明家人才庫，一方面也要求更多創新，於是這又刺激創造和採用新技術。人類歷史的這些大齒輪，暗地裡轉動了千古萬世，驅策著人類不斷前進。當技術改進，人口隨之增加，適合新技術的社會特徵會廣為散播。這類改變總是激起各時代、各大陸、各文明的技術再進步。

然而，有個人類存在的核心面向，即生活水準，從未受到什麼

影響。歷史上大多數的技術進展，都不曾長久而有意義地改善人類的物質福祉，因為正如地球上所有其他的物種，人類也身陷貧困牢籠中無法自拔。技術進步及隨之而來的資源擴充，必然造成人口增加，使得進步的果實必須分給越來越多張嗷嗷待哺的嘴。創新可為幾代人帶來更加繁榮的經濟，可惜人口成長到最後，又把經濟打回勉強餬口的原形。在土地肥沃、政治穩定的環境裡，技術會突飛猛進。這曾個別發生於古埃及、波斯與希臘；馬雅文明與羅馬帝國；伊斯蘭各哈里發國；中世紀中國。技術飛躍式的爆發新工具及生產方式帶到地表各處，提升生活水準於一時。只可惜好景不長。

不過人類歷史路途上，技術的進步越來越快，最後不可避免地來到臨界點。工業革命的各種創新始於十八、十九世紀歐洲北部的一小塊地區，其發展速度之快，足以形成一種很特別的資源需求：使工人在新穎、多變的技術環境中能應付自如的技能與知識。為使子女具備在這種世界生存的能力，父母增加對子女扶養及教育的投資，因此被迫少生子女。平均壽命大增，兒童夭折率降低，延長了教育回收期，這是投資人力資本和減少生育的又一誘因。此外薪資的性別差距縮小，使養兒育女的代價變高，更增加小家庭的吸引力。這些力量一起觸發了人口大轉型，切斷了經濟成長與生育率長久以來的正相關。

生育率大降，發展過程不必再受人口成長的拖累，以致技術改進能夠永久提升繁榮，而不只是暫時現象。幸好勞動人口素質提高，人力資本投資增加，技術革新的腳步因而更快，得以拉抬生活條件，催生人均所得持久成長。人類歷經了物態變化。正如新石器革命是從少

數核心向外擴散，如肥沃月彎和長江，工業革命和人口大轉型也是從西歐開始，在二十世紀裡逐步擴散到全球大部分地區，所到之處無不提升繁榮的水準。

因此過去二百年是革命性的二百年：生活水準以各種可想像的標準衡量，都有空前的躍升。全世界平均人均所得增加達十四倍，平均壽命增加不止一倍。兒童夭折率高的悲慘世界不再，由每個孩子都很寶貴的富裕世界代之。不過生活改善不只是更健康，收入更多；技術進步也導致童工大減，職業較不危險、不費力，人們能夠從事遠距離溝通和商業，而大眾娛樂與文化傳播範圍之廣，是我們的祖先萬萬想像不到的。

縱使技術進步到如此可觀的程度，生活水準大躍進在地表的分布卻並不平均，在社會內部的分布有時也很荒謬；縱使天災、疫病、戰爭、暴行及政經動亂偶爾會讓無數個人深受其害，可是這種種傷痛和不公正，雖劇烈而可怕，卻不曾改變人類旅程的長期方向。從更廣闊的角度看，人類整體的生活水準每次都非常快速地從這些災難中復原，並在技術進展與人口變化的巨輪推動下不斷向前猛進。

然而工業化過程也引發地球暖化，目前威脅到全世界人們的生計以及生命，有人不免質疑，揮霍式消費是否道德，人類是否能永續生存。出人意料的是，高生活水準的來源也可以是維繫它的解方，亦即創新的力量加上減少生育本身，也許就能免去必須在經濟成長與環保間做取捨。開發並轉向對生態友善的技術，再來是教育的回收增加及性別平等，使人口成長進一步降低，以減輕環境承受的負擔，這樣

或許能夠兼顧經濟成長保持目前的速度，同時緩和當前的全球暖化趨勢，好爭取開發革命性技術的寶貴時間。我們若要扭轉全球暖化目前的方向，勢必有待那些關鍵的新技術。

人類的旅程處處精彩，令人目不暇給。我們很容易迷失在細節的大海中，隨波逐流，忘卻藏在海底深處強大的潛流。本書第一篇的重點在講述這些潛流：技術進步與人口規模、人口組成的交互作用。要是不明白這些力量對人類進程的貢獻，那恐怕看不懂人類歷史：人腦的演進、兩次劃時代革命（新石器革命與工業革命）、人力資本投資成長、人口大轉型，這些是使人類成為地球主宰物種的主要走向。這些潛流提供一個統一的概念架構：一個理解人類旅程的清楚主軸。若不談這些潛流，人類發展史就只剩下按時間排列的流水帳，紛亂龐雜、理不出頭緒的文明興衰。

不過生活水準前進的步伐既不一致，也非必然。現代人其實有一點很特別，就是各人的生活水準主要取決於出生地。國與國、地區與地區，財富如此的不平等，根本原因何在？人類社會是否勢必受制於其發源地的歷史和地理？不平等之所以出現，主要是命定還是偶發？根深柢固的體制、文化、社會特徵，對各國貧富分歧扮演何種角色？

在走過一遍人類從過去到現在的旅程後，接下來對不平等謎團的探討，要逐步倒轉時光，去尋找它最深層的起源，最後回到人類旅程的起點：數萬年前智人出走非洲。

第二篇

——

財富與不平等從何而來

| 第七章 |

輝煌與悲慘

　　過去數十年從非洲出發，超載著移民、卻不幸就在利比亞海岸沈沒的船隻不下數十艘，因此喪生的乘客數以千計。歷經這些慘痛事件的倖存者對於未能抵達預期的目的地義大利，經常表示失望，但是很少後悔曾經決定搭上前往歐洲的危險航程。

　　僅僅二〇一五這一年，便有超過百萬人乘坐類似的移民船橫渡地中海，在這持續不斷的人道危機期間，有更多非洲、中東和拉丁美洲人試圖到達歐美邊界，卻在途中不幸喪生。如此不顧一切的大規模出走，冒著生命危險，離鄉背井，拋家棄子，還要付出根本負擔不起的一大筆錢給人蛇集團，其背後主要的原因是全球各地的生活水準極度不平等，這表現於人權、公民自由、社會政治穩定、教育品質、平均壽命、賺錢能力等差距上，還有近年來最迫切的暴力衝突盛行。

　　這種生活條件的差距之大，在某一極端的人很難想像另一極端的人實際上過著什麼樣的生活。二〇一七年大多數已開發國家的平均壽命已超過八十歲，嬰兒夭折率低於千分之五，幾乎人人都有電可用，有很大比例的人口可以上網，營養不良盛行率約二・五％。兩相對比

之下，開發度最低的國家平均壽命低於六十二歲、嬰兒夭折率超過千分之六○，有電可用人口比例不到四七％，可以上網的人不到○‧一％，營養不良的人達一九‧四％（圖 13a-13e）。❶

　　同樣令人不安的是，這種生活水準的差距，也存在於同一社會內，不同的階級、族裔和種族之間，所呈現的是教育、所得、健康等不平等。二○一九年，在新冠肺炎的衝擊尚未發生前，在世上最富裕的國家：美國，非裔人口的平均壽命是七四‧七歲，而白人是七八‧八歲；非裔嬰兒夭折率是千分之一○‧八，白人是四‧六；二十五歲時擁有大專學歷的，非裔是二六‧一％，白人是四一‧一％。❷

　　即使如此，最富國與最窮國間的生活水準鴻溝比這嚴重許多，以致有數百萬男女不惜冒生命危險，也要設法前往已開發世界。

截然不同的因素

　　這種全球不平等，從表面上看到的是，已開發國家的人均所得比開發中國家高出許多（圖 14），於是在教育、醫療、營養和居住方面的支出也多很多。

　　然而為什麼有些國家的人比別國的人收入多很多？這種所得差距部分反映，「勞動生產力」的差別：即世上有些地方，每單位工時生產的商品或服務的價值比其他地方高。以農業勞動生產力為例，各國之間相差很大。二○一八年美國農民的平均生產力，比衣索匹亞高出將近一百四十七倍，比烏干達高出九十倍、肯亞七十七倍、印度四

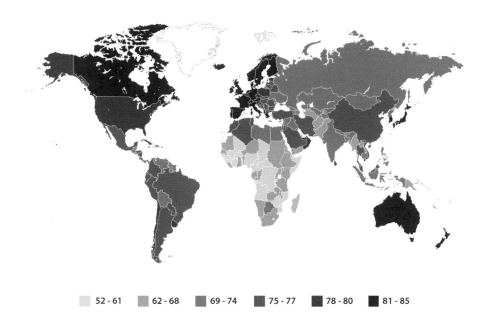

| ■ 52 - 61 | ■ 62 - 68 | ■ 69 - 74 | ■ 75 - 77 | ■ 78 - 80 | ■ 81 - 85 |

圖 13a　全球 2017 年出生者平均壽命

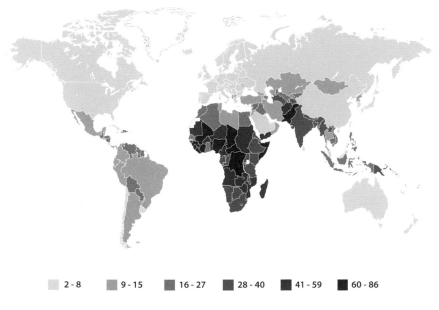

| ■ 2 - 8 | ■ 9 - 15 | ■ 16 - 27 | ■ 28 - 40 | ■ 41 - 59 | ■ 60 - 86 |

圖 13b　全球 2017 年嬰兒夭折率（每千名嬰兒）

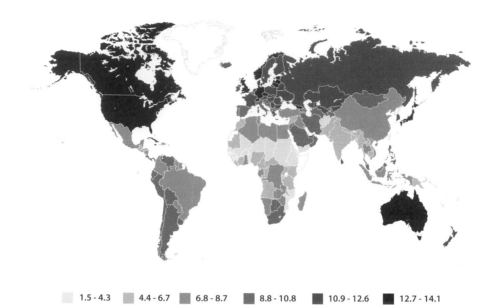

| | 1.5 - 4.3 | | 4.4 - 6.7 | | 6.8 - 8.7 | | 8.8 - 10.8 | | 10.9 - 12.6 | | 12.7 - 14.1 |

圖 13c 全球 2017 年平均就學年數

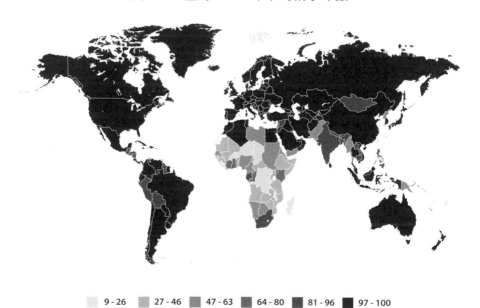

| | 9 - 26 | | 27 - 46 | | 47 - 63 | | 64 - 80 | | 81 - 96 | | 97 - 100 |

圖 13d 全球 2017 年有電可用人口百分比

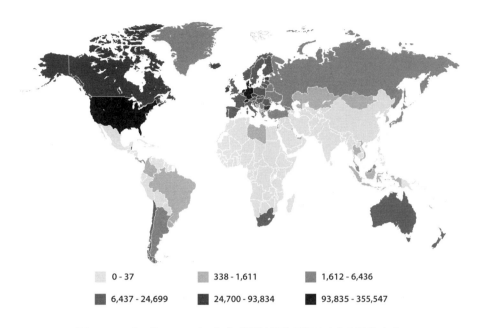

圖 13e　全球 2017 年安全網路服務受眾（每百萬人）

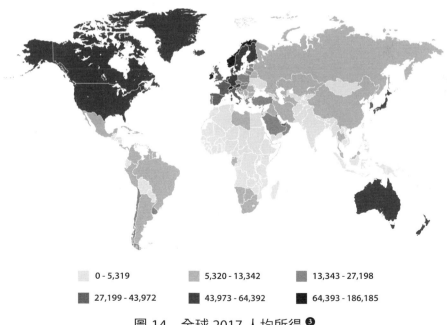

圖 14　全球 2017 人均所得 ❸

十六倍、玻利維亞四十八倍、中國二十二倍、巴西六倍。❹ 可是問題還是一樣，為什麼美國農民的收成遠超過撒哈拉以南非洲、東南亞、南美大部分地區？

答案可想而知：這些差別主要反映著各國使用的耕種和收成技術，以及農民的技能、教育、訓練。比方美國農民使用曳引機、卡車和聯合收割機，而撒哈拉以南非洲的農夫較可能依賴常以牛拉的木犁。何況美國農民受過較好的訓練，又能夠使用基因改造種子、先進肥料及冷凍運輸，這些在開發中世界或許不可行，或許無利可圖。

不過這一連串的近似原因並不能解釋清楚貧富不均的**根源**。只是帶來更基本的疑問：為什麼某些國家的生產過程得益於更好的工人技能和更先進的技術？

工具不靈光

以往學者研究經濟成長，像是諾貝爾獎得主經濟學家勞伯・梭羅（Robert Solow），都著重於物質資本的累積對經濟成長的重要性，如簍子、耙子、曳引機和其他機器。

假設有一對夫婦收成的小麥足夠每週烘焙幾十條麵包。有的麵包是家人的食物，吃不完的麵包就拿到村裡市場銷售。他們存夠錢後添購耕犁，於是手上的物質資本增加，收成隨之提高，最終是每週可烘焙的麵包也變多。只要這對夫婦不再多生小孩，他們這次累積的資本（添購耕犁），將有助於增加家中的人均所得。不過這種累積物

質資本的影響，受到**邊際生產力遞減定律**（law of diminishing marginal productivity）所限制：這對夫婦可用的土地和時間有限，所以第一具耕犁可以增加的產量如果是每週多五條麵包，第二具耕犁可能只會多三條，到第五具可能生產力再也無法更高。

由此分析得出的重要結論是，唯有不斷改善耕犁的效率，才能帶給村民長期收入成長。另外，在較落後的農地上取得新耕犁，比在同樣大小但較先進的農場，可以激起更快的成長，因為這可能是落後農地的第一具犁，卻是先進農地的第三或第四具犁。於是相對落後的農地成長的速度會比先進的快，假以時日，這兩邊的所得差距會縮小。

所以梭羅的成長模型指出，如果缺少科學和技術進步，經濟成長便難以永久持續。❺ 其模型也推算，如果兩國的人均所得及資本存量只在**最初的**水準有差異，所得差距會隨時間而減少。

用馬拉松賽跑來比喻，選手跑到離起跑點越遠，每多踏出一步就越困難。假設有兩組實力相當的選手，其中一組提早幾分鐘起跑，他們持續領先另一組，但每踏出一大步，兩組間的差距就會縮小。同樣情況，鑑於各國只有初期的人均所得和資本存量水準不盡相同，起跑較晚的較窮經濟體，應該會逐漸與先出發的較富裕經濟體趨於一致，到最後貧國富國的所得差距應會降低。

可是如圖 15 所顯示，已開發和開發中國家的經濟並未更接近。其實恰恰相反，各地生活水準的差別在過去二百年以擴大居多。

是什麼因素促使某些國家的分歧加大？是哪些力量阻止窮國趕上富國？二十世紀後半，根據技術進步及累積物質、人力資本以刺激

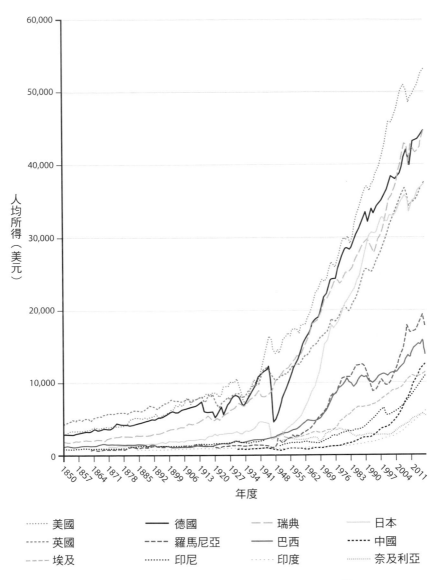

圖 15　各國人均所得演進，1850-2016❻

經濟成長的洞見，政策制定者推展各種旨在提升開發中國家生活水準的計畫。可是國與國間的不平等依舊揮之不去，以致這些政策的影響顯得有限。❼太狹隘地專注於表面上明顯可見的因素：各種不平等現象，卻疏忽造成不平等的根本原因，難免設計不出適當政策，好協助窮國克服所面臨的較不明顯、較頑強的障礙。這些力量可能阻撓投資、教育和採用新技術，助長全球發展不均衡。為了破解不平等謎團，促進全球繁榮，我們需要辨認這些基本原因和障礙。

貿易、殖民與發展不均衡

十九世紀時，國際貿易成長顯著，導因為西北歐快速工業化，加以殖民主義推波助瀾，又受到貿易壁壘和貨運成本減低所鼓舞。一八〇〇年時全世界僅有二％的產品在國際上交易。到一八七〇年這比例增加五倍，到一〇％，一九一三年到一七％，一九一三年一次大戰前夕來到二一％。❽這些貿易雖有很多是在工業化社會之間進行，不過開發中經濟體對那些社會是重要且日益成長的出口市場。此期間所呈現的模式很明顯：西北歐國家是製造品淨出口國，而亞、非、拉經濟體出口的絕大多數是農產品及原料。❾

當時的技術進展已足以催生工業革命，不需要借助擴大國際貿易，但是拜貿易之賜，加上剝削殖民地、殖民地天然資源及原住民，還有奴役非洲人和其後裔，加強了西歐各國工業化的速度及成長率。此外，在前幾世紀到達高峰的大西洋三角貿易以及不斷增加的亞、非

洲的貿易，同樣對西歐各經濟體產生重大影響。不僅商品貿易本身獲利豐厚，還提供木材、橡膠、原棉等原料供工業化過程所用，那些原料全是經由奴隸和強迫勞動以低廉成本生產的。小麥、米、糖、茶等農產品由殖民地生產，歐洲各國能夠提升工業產品生產的專業水準，其工業產品也得益於殖民地不斷擴大的市場。❿

　　尤其是英國，國民所得來自國際貿易的占比不斷成長：由一七八〇年代占一〇％，到一八三七至四五年上升為二六％，一九〇九至一三年再升為五一％。出口是某些產業的命脈，其中以棉紡織業為最，一八七〇年代英國棉紡織業有七〇％的產出是外銷。⓫ 歐洲其他國家的經濟也是類似模式。一次大戰前外貿占國民所得的比例，法國是五四％，瑞典四〇％，德國三八％，義大利三四％。⓬

　　工業革命早期國際貿易如此興旺，對工業化與非工業化經濟體的發展，產生重大且不對稱的影響。在工業化經濟體，國際貿易鼓勵並加強專門生產工業產品，那需要技術較好的工人。工業化國家對技術工人的需求因而上升，這促進對人力資本的投資，加速人口轉型，繼而進一步刺激技術進步，提升生產工業品的相對優勢。反之，國際貿易對非工業化經濟體則是鼓勵專門生產技術較低的農產品及原料。這些產業對知識工人的需求不大，限制了投資人力資本的意願，因而延後當地的人口轉型，造成低技術工人相對越來越多，使生產「技術密集」商品的相對劣勢雪上加霜。

　　因此，全球化和殖民化在過去兩百年導致各國財富差異變大。工業化國家的貿易收益主要被導向投資教育，促使人均所得成長；相

對的，非工業化國家的貿易收益有更多部分被導向增加生育和人口成長。這些力量長期影響全世界人口、技能、技術的分布，擴大了工業與非工業經濟體之間的技術和教育差距，進而增強而非弱化原先的相對優勢型態。⓭ 以上論點的前提是國際貿易在已開發及開發較少經濟體的生育率和教育水準產生了相反的影響，這項前提是以當代及歷史數據所做的地區性和跨國性分析為基礎。⓮

　　全球化和殖民化的不對稱影響在已開發和開發中國家工業化的速率上非常明顯。一七五〇到一八〇〇年，英國的人均工業化程度上升五〇％，一八〇〇到一八六〇年增加四倍，一八六〇到一九一三年再上升將近二倍。美國一七五〇到一八六〇年也提高四倍，一八六〇到一九一三年更增加六倍。德、法、瑞典、瑞士、比利時、加拿大也是類似模式。反之開發中經濟體在十九世紀曾經歷人均工業化程度**下降**，要花費近二百年才回復原本水準，到二十世紀後半才終於起飛（圖 16）。⓯

　　英國與殖民地印度的貿易關係正是這種模式的範例。一八一三到一八五〇年，印度的進出口貿易量遽增，印度逐漸由製造品（主要是紡織品輸出國）變成農產品和原料供應國。⓰ 在這個過程中，與英國的貿易十分關鍵。十九世紀大半時期，英國供應印度三分之二以上的輸入品（主要是製造品），印度三分之一以上的輸出品也以英國為市場。⓱

　　讀者現在應該很熟悉這對英國的作用。貿易促進工業化過程，導致工業革命第二階段對技術勞工的需求大增。英國男性工人的平均就

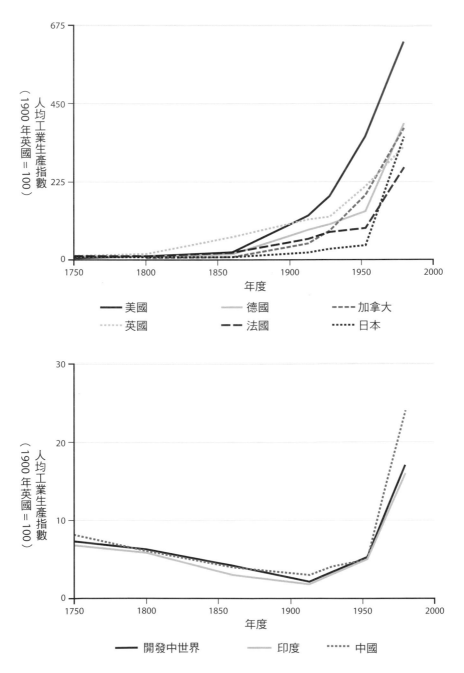

圖 16　全球化影響：全球工業化與非工業化

學年數在一八三〇年代前變化不大，到二十世紀初卻增加三倍。一八七〇年英國十歲男童的就學率是四〇％，到一九〇二年已接近百分之百。[18] 英國整體生育率自一八七〇年代開始下降，隨後五十年裡，生育率由每個婦女約五名子女降至近二・五名子女。同一時期，英國經濟轉入人均所得持續成長的狀態，每年成長率近二％。

但是印度的人均工業化程度卻下降。印度的農業根深柢固，教育對農業部門並不重要，導致人民普遍文盲的情形一直持續到進入二十世紀。印度在二十世紀曾試圖擴大基礎教育，卻受制於就學率低、輟學率高。[19] 儘管教育逐漸普及，但一九六〇年時，印度十五歲以上未繼續就學的人口占七二％。未能形成大量人力資本，造成印度人口轉型一直延後至二十世紀下半葉。

由此可見，貿易收益助長英國生育率下降，使人均所得顯著成長，在印度卻主要是導致生育率上升。自一八二〇年以來，印度相對於英國的人口規模增加一倍，而英國相對於印度的人均所得也成長一倍。

然而殖民時代的宰制、剝削、不對稱貿易型態，只是增強原本存在的相對優勢模式，並非其成因。要如何解釋殖民時期**以前**的發展不均？某些國家變成工業化殖民者，某些國家被迫成為非工業化被殖民者，其原因何在？[20]

為破解不平等的謎團，我們必須揭露比至今已知更深植的因素。

深藏底層的因素

請想像在某個明亮的早晨，你下床後煮了一杯咖啡，並走到戶外向這美好的一天問好，卻居然發現隔壁鄰居屋外的草地比你家的更綠。

他家的草地為何如此綠意盎然？專業解答可能是，鄰居家草地反射的光，波長在光譜的綠色範圍內，而你家草地反射的光較接近黃色範圍。這樣解釋雖然完全正確卻用處不大，無助於我們理解事情的根源。較完整、較非學術性的回答會著重於你家和鄰居家為維護草坪，在灑水、修剪、施肥、噴殺蟲劑的時機、強度和方法上有何差異。

不過這些理由或許重要，卻仍然可能未找出鄰居草地比較綠的根源。這些是兩家草地品質明顯不同的**近似原因**，在近似原因後面才是**根本原因**，可以解釋為何鄰居澆水較勤快或是病蟲害防治較好。若不明白這些深層因素的作用，儘管你試圖模仿鄰居的園藝法並且持之以恆，也許還是得不出你十分渴望的那片綠意。

在這兩塊草地外表的差別背後，也許有**地理因素**：土質不同和陽光照度不同，可能使你東施效顰。也可能表層的差別反映著背後的**文化因素**，映照出你與鄰居各自的成長環境和教育背景，也就是文化特質，像是特別重視未來的心態，促使鄰居盡心盡力照顧草坪，挑選最佳時機澆水和刈草。

也可能這兩處房產屬於不同的市府管轄。你們這邊的市議會為保存水資源而禁止灑水，而鄰居卻可以灑好灑滿。因此你無法仿效鄰居

的園藝技巧，拉近兩塊草地的差距，也許是**體制因素**使然。這些體制造成的差別也或許有更深層的原因，仍是出在雙方所屬的市鎮，並與你鄰居的社區組成有關。同質性較高的社區，較易於執行對灌溉基礎設施和消滅病蟲害，進行公共投資的相關法規和集體決定，而異質性較高的社區，可能享有多元創新的園藝技巧相互交流、相得益彰的好處。就此而言，或許**人口多元化**是兩家草地有別的根本原因。

　　如同這兩家草地的差異，國與國間巨大的財富不均有一連串的根本因素：表面上是**近似原因**，例如各國在技術和教育上各有不同；核心部分則是更深層的**終極因素**：體制、文化、地理、人口多樣化等，這些是貧富差距的根本。儘管要解開近似原因與終極因素的影響或許並非易事，但是為了解那些深層因素如何影響人類歷史巨輪轉動的速度，以致支配著不同地方的經濟發展步調，這種區分就很重要。

| 第八章 |

體制的特徵

這幀衛星影像絕對是有史以來，攝自太空最令人難安的照片之一。

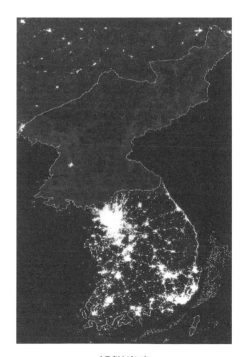

朝鮮半島
夜間光線衛星影像，2012❶

　　這張照片的下半部展現的是繁榮的南韓，在夜幕降臨時：有如繁星閃爍的銀河，綻放出富足的光芒。南韓人下班後，從明亮的道路上開車離去，在燈火通明的餐廳、購物中心、文化中心享受夜晚時光，或是在照明充足的家裡與家人共度。反之照片上半部，是世上最貧窮的國家之一：北韓，完全被黑暗吞沒。大多數北韓人在電力時斷時續的黑暗中，便早早準備就寢。北韓無法提供足夠的能源使電網能夠時時通電，即使首都平壤也不例外。

　　南北韓這種差異，並非地理或文化不同所造成，也並不代表北韓人缺乏布建與維護電網傳輸順暢的知識。過去一千年大多數時候，朝鮮半島主要是一個單一社會群體，人民有共同的語言和文化。可是二次大戰後，韓國被劃分為美蘇勢力範圍，由此產生不一樣的政經體制。北韓貧窮，技術發展落後，類似柏林圍牆倒塌前的東德，那源自限制個人自由與經濟自由的政經體制。對政府權力節制不足、法治不彰、財產權不受保障，再加上中央計畫本身缺乏效率，扼殺了企業家精神和創新，反倒鼓勵貪腐，滋長停滯和貧窮。難怪二〇一八年南韓人的人均所得水準比北韓人高二十四倍，二〇二〇年的平均壽命多十一歲；依照其他生活品質衡量標準，南北韓也是同樣天差地別。❷

　　二百多年前，英國政治經濟學家亞當·斯密（Adam Smith）和李嘉圖都強調專門化和貿易對經濟繁榮的重要性。然而正如諾貝爾獎得主、美國經濟史學者道格拉斯·諾斯（Douglass North）所說，貿易得以存在的關鍵先決條件之一是需要某些政經體制，譬如具約束力、可執行的契約，可促成並鼓勵進行貿易。簡單說就是適用的體制如果

無法防範違約，甚至詐騙、偷盜、恐嚇、私相授受或歧視，貿易往來就可能困難許多，也不易得到貿易通常的好處。❸

　　古早時代，社會依賴親屬關係、部落族裔網絡、非正式體制來協助及促進貿易。例如中古馬格里布（Maghrib，譯注：古地名，在非洲西北部）商人對違約者實施集體抵制，並依靠與廣泛社群的特殊關係，在北非各地甚至更遠之處發展出蓬勃的跨國貿易。❹ 可是隨著人類社會變得越來越大、越複雜，就必須正式確定這些規範。社會後來若能發展出有利於貿易的體制，如共同貨幣、產權保障、統一執行一套法律等，就更能促進經濟成長，強化人口規模、組成與技術進步間的良性循環。在發展有利於貿易的體制上，起步晚的社會就會落後。

　　在人類歷史過程中，當政經權力集中於狹隘的菁英階層之手，他們得以保護本身特權，維持既得利益，這通常都會阻擋進步的浪潮。它扼殺自由企業、妨礙對教育大量投資、壓抑經濟成長與發展。對有利於菁英壟斷權力，使不平等持續存在的體制，學者稱之為**榨取式體制**（extractive institutions）。反之，能夠分散政治權力、保障財產權、鼓勵私人企業和社會流動的體制，稱之為**包容式體制**（inclusive institutions）。❺ 經濟學家戴倫・艾塞默魯（Daron Acemoglu）與詹姆斯・羅賓森（James A. Robinson），在合著的《國家為什麼會失敗》（*Why Nations Fail*）中論證，這種政治體制不同會產生各國間的差距。榨取式體制一般會阻礙人力資本累積、企業家精神與技術進步，從而延緩由停滯進到長期經濟成長；而包容式體制則會增強這些過程。

不過從歷史看，榨取式政治體制不見得對所有經濟發展階段都有害。獨裁者其實偶爾會為回應其政權受到的外來威脅，精心策畫重大改革，比如普魯士在一八〇六年被拿破崙擊敗，還有日本十九世紀末的明治維新。此外在朝鮮半島分為兩半後，南韓數十年間都是獨裁政府，到一九八七年才開始民主轉型，可是三十年裡南韓創下傲人的經濟成長，北韓卻仍待開發。南北韓起先都是獨裁統治；雙方基本差別在於經濟理念。首爾獨裁者採納私有財產保障，並推動影響深遠的農業改革，將政經權力下放；平壤則選擇將私有財產及土地大量收歸國有，並實行集權式決策。早期的這些區別使南韓早在尚未民主化之前即在經濟上大幅領先北韓。過去統治智利、新加坡、台灣以及目前仍統治中國和越南的非民主政權，也同樣擴大投資基礎建設和人力資本、採用先進技術、促進市場經濟，成功地激勵長期經濟成長。

非包容式政治體制雖能與可行的包容式經濟體制共存，不過這多半是特例，而非常規，在人類歷史的重要關頭，常規看來有關鍵作用。包容式體制的存在也許可以一定程度上解釋，為何世上有那麼多地方，工業革命卻最早發生在英國；而榨取式體制的存在則能解釋，為何某些前殖民地獨立後，過了數十年經濟依然落後。

英國興起的體制由來

英國在工業革命期間前所未有的飛躍邁進，得以掌控地表一片又一片的領土，建立史上最強大的帝國之一。然而在人類歷史上大多數

時候，不列顛群島的居民在財富和教育上遠不及在法國、荷蘭、義大利北部的鄰居；英國只是位於西歐邊陲的落後地方。英國是農業封建社會；政經權力由少數菁英把持；十七世紀初，許多經濟部門經皇家敕令由貴族壟斷。❻ 英國因為缺乏競爭和自由企業，被壟斷產業在開發新技術上成果極為貧乏。

　　英王也像許多其他統治者一樣敵視技術變革，阻撓國家技術進步。有個很著名、也很諷刺的例子，與英國紡織業起步被延誤有關。一五八九年女王伊莉莎白一世（Elizabeth I）拒絕給予牧師兼發明家威廉・李（William Lee）的新編織機專利。她擔心這個發明會傷害各地手織工行會，造成工人失業，以致引起動盪。威廉・李遭英國女王拒絕後遷居至法國，法王亨利四世（Henry IV）很樂於給予他想要的專利。直到幾十年後其弟回到英國銷售這種尖端技術，它才成為英國紡織業的基石。

　　不過到十七世紀末，英國的統治體制經過徹底改造。英王詹姆士二世（James II）力求鞏固君主專制，又信奉羅馬天主教，引發強烈反彈。反對派找到的救星是奧蘭治親王威廉（William of Orange），他是荷蘭共和國（Dutch Republic）多個新教郡的執政官（stadtholder）（也是詹姆士二世長女瑪莉〔Mary〕公主的夫婿）。反對派力促威廉奪取英國王權，威廉響應其號召，罷黜岳父，登上王位，成為英格蘭、愛爾蘭、蘇格蘭國王威廉三世。這次政變被稱為光榮革命（Glorious Revolution），理由是被誤認為相對少的流血事件，卻改變了英國的政治權力平衡：威廉三世是外來的，在英國國內缺乏

支持勢力，威廉三世高度依賴國會，詹姆士二世則非如此。

　　一六八九年威廉三世批准權利法案（Bill of Rights），廢除國王終止國會立法的權力，國王未獲國會同意也不得徵稅和動員軍隊。從此英國成為君主立憲國家。國會開始代表較廣泛的利益，包括逐漸興起的商人階級。英國也建立各種包容式體制，以保護私人財產權，鼓勵私人企業，推廣機會均等和經濟成長。

　　英國在光榮革命之後積極廢除壟斷。英王查理二世（Charles II）曾授予皇家非洲公司（Royal African Company）獨占非洲奴隸買賣，當時它和許多公司頓失獨占權。國會也通過新立法，促進成長中產業的競爭，瓦解貴族的經濟利益。尤其國會降低工業熔爐稅，提高土地稅，而地主大都是貴族。

　　這些改革在當時獨見於英國，形成歐洲其他地方所沒有的誘因。以西班牙為例，國王積極維護對跨大西洋貿易利益的掌控，經常用來資助作戰和奢侈享受。相形之下在英國，跨大西洋原料、商品、非洲奴隸等貿易的收益是由廣大的商人階級共享，所以收益大半投入資本累積和經濟發展。這些投資為工業革命空前的技術創新奠下基礎。

　　當時英國的金融制度也改頭換面，為經濟發展更添助力。威廉三世採用其祖國荷蘭的先進金融體制，包括證券交易所、政府公債和中央銀行。有些改革是擴大授信範圍，非貴族企業家也能借到款，並鼓勵英國政府在平衡支出與稅收上更加自律。國會取得對公債發行的更強大監督權，而公債持有者，即借錢給政府的人，得以派代表參與財政和貨幣政策決策過程。於是英國在國際信用市場的公信力提高，相

對於其他歐洲王國，借貸的費用也降低。

　　事實上，工業革命最早發生於英國，或許更早前的體制改革曾助其一臂之力。❼ 如第二章曾提到，十四世紀的黑死病使不列顛群島失去近四〇％居民。因此造成的農工不足，增加了農奴討價還價的力量，迫使貴族地主提高佃農的工資，以防止他們由鄉下遷居都市。如今看來，黑死病給了封建制度致命一擊，英國的政治體制因而變得更包容，少壓榨。那些體制促成政經分權化，鼓勵社會流動，讓社會上更多人能夠創新並參與創造財富。反之，東歐在黑死病過後，由於封建體系更嚴酷，都市化程度較低，加以西歐對農業產量需求增加，反而強化控制土地的貴族階級及其榨取式體制。換句話說，在黑死病爆發前，東西歐原本或許不重要的體制差別，在疫情後卻是分道揚鑣，使西歐走在與東歐大不相同的成長軌道上。❽

　　英國的手工業行會相對較弱勢，這也有助於英國在工業革命之前的某些體制變革。歐洲各地都有的行會，是由某種行業的技術工匠組成的組織，目的在保護會員利益。行會經常運用本身獨占的力量壓制企業家精神和技術進步。例如十五世紀晚期巴黎的抄寫員行會（Scribes Guild），成功阻止第一台印刷機進入巴黎達將近二十年之久。❾ 一五六一年紐倫堡的冰銅車工行會（Red-Metal Turners Guild）向市議會施壓，阻止當地銅匠漢斯・史白希（Hans Spaichi）散布他發明的強大車床，後來更揚言，誰敢用這種新生產技術就要坐牢。❿ 一五七九年但澤（Danzig）市議會下令，把發明新織帶機而威脅到傳統織帶工的人偷偷淹死。⓫ 十九世紀初，法國織布工行會一群憤怒的

暴民，向約瑟夫－瑪麗・雅卡爾（Joseph-Marie Jacquard，一七五二年至一八三四）抗議。雅卡爾發明了創新的織布機，靠一系列打洞的卡片運轉，後來最早的電腦受這種技術所啟發，以此方式輸入程式。但在英國，行會的勢力沒有歐洲那麼強，部分原因在於一六六六年倫敦大火後，重建迅速且大致未受管制，加上其他地方的市場快速擴張，以致對工匠的需求超出行會所能提供。行會弱勢，國會便易於保護和助益發明者，英國實業家能夠更快速、更有效率地採用新技術。

多虧這些體制改革，十八世紀末的英國受到商人和企業家的各種利益所影響，而非以土地菁英的利益為主，菁英決意阻擋技術進步以延續個人權力。就此而言，英國當時已成為世上第一個現代經濟體，而其他西歐國家迅速跟進。於是根深柢固的力量將整體的人類帶往馬爾薩斯世的終點，來到成長時代的邊緣，就在人類物態變化的時機已成熟之際，這些制度的發展，配合以下即將探討的其他因素，英國成為特別適合技術快速發展的沃土。

英國率先開始工業革命，以及朝鮮半島兩個經濟體的分歧，顯示出體制對發展與繁榮的影響有多麼深遠。然而這些特別戲劇化的例子是例外還是常態？在歷史過程中，當體制逐步演進時，是體制變革影響經濟繁榮，還是經濟繁榮導致體制變革？又或者是某些其他因素，造成這兩者間明顯的關係？

體制與長久發展

　　過去二百年來，富國往往比較民主。[12] 有人認為是民主讓人民有權壓制社會中的特殊利益團體，因此增進機會平等及人才在各行各業的分布，結果是激勵生產力，促進經濟繁榮。也就是說，由於民主具有政治包容性，所以也有經濟包容性。

　　然而，民主國家雖然經濟成長較快，卻不見得是民主**導致**成長。[13] 其實也可能是經濟成長促使中產階級出現，而中產階級有力量挑戰政治現狀並推動民主改革；包容式體制也許是成長的結果而非原因。有些研究確實支持「現代化理論」（Modernisation Hypothesis），就是經濟成長有利於民主化。[14] 也有人主張，民主和繁榮的正相關或許反映了其他同時促進民主和繁榮因素的影響。舉例來說，也許是成長剛好發生於民主社會，而發生的原因是當地特有，這鼓勵其他地理或文化上相近的國家也採取當地的技術和民主體制，於是民主與成長變為正相關。

　　兩方說法孰是孰非，解析之道就是檢視某些歷史事件的影響，那些事件的成因與地方經濟發展無關，卻導致有些地區體制突然改變，有些地區卻不變。然後，比較受影響及未受影響地區長期經濟繁榮的變化，即可區分體制的影響與其他干擾因素的影響。征服與殖民事件就提供這種類自然實驗。

　　西班牙征服者的米塔制（mita system，印加帝國克丘亞語中「mita」有替換、輪流之意），即強迫勞役制，是認識榨取式體制對

經濟發展會產生持久負面效應的好例子。在某些地區實施的米塔制逼
迫原民村落交出七分之一的男性人力到西班牙人的銀礦做苦工，有些
地區卻並未實施。米塔制雖在一八一二年廢除，但至今在秘魯，受害
地區仍然比未實施地區貧窮，兒童營養不良率也比較高。這些發現似
乎反映出，最具生產力的男丁遷出米塔制地區（以逃避被徵召到銀
礦）的長期影響，而非採米塔制地區出現大型農村聚落，這支持了村
中的公共基礎建設發展，並有益於村民的長期福祉。❶

　　另一事件是法國大革命後不久，拿破崙征服普魯士部分領土。法
國人在法軍占領區設立鼓舞經濟成長的包容式體制，譬如講求平等的
法律制度、取消專業行會的壟斷，和削減普魯士貴族的特權。雖然征
服通常帶來的是占領區秩序大亂和遭到剝削，可是在法國人撤走數十
年後，普魯士前被占領區的經濟發展卻較進步，這反映在都市化比例
高出附近的非占領區。❶

　　此二特定歷史事件顯示，體制確實可能長久影響發展過程。但更
廣泛的殖民和征服史，是否證實這個論點？

殖民主義遺產

　　殖民時代只見殖民強權暴富，殖民地居民和非洲黑奴卻是世世代
代貧窮無法翻身。如前一章提到，工業革命期間，殖民地貿易使這種
財富懸殊更為惡化。儘管殖民者經常在廣大的殖民世界帶給原住民災
難性和可怕的後果，但是長期來看，以英、法、葡、西為主的殖民國

所實施和留下的廣泛政經體制，很可能對前殖民地的生活水準有較深遠的影響。

當時北美、澳紐等大片區域，人口相對稀少且技術較為落後，在被殖民後經濟快速成長，但是原住民當然享受不到這種成長，受惠的是來自歐洲增加快速的移民。反之，中南美洲人口密集地區曾興起哥倫布之前最進步的文明：壯闊的阿茲提克、印加和馬雅文化都發源於此，到近代卻遭遇發展遲緩，而被北美的歐洲殖民地所超越。❶

這多半是意料之外的財富逆轉。法國哲學家伏爾泰（Voltaire）看不起英法為北美的殖民地衝突不斷，說那是為「幾畝雪地」就打架，說出許多人的心聲。一七五六至六三年的七年戰爭（Seven Years War）最後是英國獲勝。戰後領土談判期間，很多人認為英國應該要求法國在加勒比海的殖民地，那裡的農園經濟用奴工耕作，獲利豐厚，英國不該要求法國的北美殖民地，那裡剛受過殖民地戰爭摧殘。❶ 可是後來那「幾畝雪地」成為地表最富裕的地區之一。是什麼原因造成財富如此明顯的逆轉，過去幾十年曾引起激烈的學術辯論。殖民主義遺產如何影響長期發展？為什麼有些殖民地成長為富國，有些卻身陷貧窮泥淖中？

有一種學說強調大多數前殖民地都承襲了殖民國的法律制度。前英國殖民地和保護國，包含澳大利亞、加拿大、香港、印度、紐西蘭、新加坡都採行英美法系，而前西葡殖民地，如安哥拉、阿根廷、玻利維亞、巴西、智利、哥倫比亞、印尼、墨西哥實行的則是不同形式的大陸法系。英美法系對投資人和財產權提供較多的保障，實證研

究也指出，採用英美法系與經濟繁榮成正相關；以人均所得計，前英
國殖民地比其他列強的前殖民地享有較多較久的繁榮。[19] 不過我們不
可忽視一點，也許是英國剛好殖民在經濟潛能較大的地區，或是英國
殖民者本身帶來了推動經濟的特殊技能、態度和作法。

　　不同的氣候條件也可能延長殖民對當地體制的影響。中美洲及加
勒比海的氣候和土壤最適於種植咖啡、棉花、甘蔗、煙草，這些作物
需要大面積的農園才能有效率地耕種。因此這些地區在殖民時代出現
的農業，特徵都是土地所有權集中，導致財富分配不均、強迫勞動、
甚至奴隸制，那是所有體制中壓榨最甚的，於是不平等牢不可破，也
阻礙成長。其實即使到後來，中南美洲、加勒比海和美國南部的土地
所有權依舊極度集中，使得經濟難以發展。如第四章所提到，地主的
收入極度或完全依賴鄉村勞動力，這往往是土地所有權高度集中之處
的普遍現象，因此地主有反對投資於公共教育的強烈誘因，以防止工
人遷往都會區，都會區卻需要較多受過教育的勞工。這些力量直接阻
礙人力資本累積、工業化和經濟成長。[20]

　　兩相對照，北美殖民地（美國南部除外）的氣候條件更適於混合
農耕及畜牧，因此促成小型家庭農場的成長，財富分配較平等，並實
行包容式政治體制，像是民主、法律平等和保障財產權，這些都有利
於長期繁榮。[21] 諷刺的是，這些體制卻具高度歧視性：否定美國非裔
及原住民的公民自由，還剝削他們，成為其「包容性」不可或缺的一
環。

　　有一種相關的學說認為，技術曾較北邊鄰居更先進的中南美洲

後來卻成為美洲較貧窮地區，這種可怕的間接後果是哥倫布之前時代的**人口密度**變化所造成。在馬爾薩斯時期，技術發展和人口密度齊頭並進，人口密集區自然文明最進步。因而殖民政權更有意願在這類繁榮地區建立榨取當地眾多人口財富的體制。當這些殖民地獨立時，繼歐洲殖民者而起的當地菁英權大勢大，他們沿襲這些榨取式、耽誤成長的體制，以維持和增加經濟、政治不平等帶來的好處，使這些地區受到無法開發的詛咒。❷ 反而在較不進步的地區，人口密度低，殖民政權便往往定居下來，為自己而開發這些區域，通常也是先摧殘、驅趕或征服當地原住民。他們為自己、也為後世子孫的利益，建立包容式、有助成長的體制。這些體制雖然極為歧視美國非裔及原住民，但是對當地整體經濟發展是有貢獻的，財富的逆轉便由此而來。

　　可是殖民時代除體制外，殖民世界也發生各種各樣的變化。各殖民地的成長潛力幾乎不一致，因為各地的農業相關氣候特徵差異很大。我們如何區隔這些不同的力量，單獨分析出體制的長期影響？

　　歐洲人比較不會大量移民到瘧疾、黃熱病等疾病死亡率較高的殖民地。會到那些地方的歐洲人，多半是統治階級：官員和軍人，並非移往北美洲的墾荒者。他們為臨時任務而來，建立剝削和奴役當地人口的體制。歐洲移民大規模定居的地方較少盛行致命疫病，像是北美洲，那些移民支持建立較包容式的體制，有利於吸引更多歐洲移民及長期經濟成長。到移民時代結束時，北美、澳紐出現的獨立國家繼續實行這些半包容式體制，而非洲、拉丁美洲、加勒比海的很多在地菁英，卻繼承並延續榨取式體制。

　　因此，不同地方移民人口的死亡率，或許可以預測之後興起的現代體制屬於何種性質。要是移民死亡率（及基本疾病環境）對當前的經濟繁榮沒有直接影響，那這比率可以當作評估體制對經濟繁榮影響的變數之一。使用這種方法的研究發現，歷史上的統治體制確實對現代各國的財富有重大影響。❷

　　不過這種論點也遭到批評，批評者認為，對歐洲移民致命的疾病，對原住民也可能致命。致命疾病盛行也可能降低當地人的生產力，以致破壞繁榮，但是與政治體制的間接影響無關。❷ 的確，過去移民死亡率較高地區，現在死亡率仍是較高。所以造成疾病肆虐地區的經濟始終不發達，也許不只是當地殖民體制的本質使然，有危險疾病的環境本身也是原因。

　　要區隔殖民體制的影響與歐洲移民技能的影響也一樣不容易。當歐洲人移往殖民地時，曾驅趕大量原住民，也帶來某些知識技能，以及與歐洲祖國的商業連結。的確有證據顯示，十九世紀歐洲人大量聚集的殖民地，享有經濟成長的可能性，遠大於以原住民人口為主的殖民地。❷ 所以看似體制造成的重大影響，有一部分可能是歐洲移民本身的直接影響，他們帶進人力資本，促進經濟發展。有人甚至主張，比起政治體制的特性和品質，過去的人力資本水準更能夠預測當代的人均所得。❷

　　從這個角度看，北美洲的經濟發展比中南美洲相對快速，就不是原先看似的財富逆轉。北美洲成為殖民地前的人口，不是被消滅，就是被迫遷移，顯然反映不出他們的子孫後來過得是好是壞。所以這只

代表財富**持續**而非逆轉，因為目前北美洲的富裕區，其居民的祖先主要是由富裕區移民而來。❷

　　另外值得注意的是，殖民體制塑造經濟發展的力量，在某些地區可能敵不過其他原本存在的體制。以非洲大陸為例：歐洲帝國主義勢力以人為的邊界強行隔開非洲的眾多民族，那段時期有非洲大鍋炒之稱（Scramble for Africa，一八八四至一九一四）。相同族裔、部落組織和語言的地區被邊界區隔成不同的國家，歸屬於不同的中央統治體制。有趣的是，有證據指出，影響非洲當前經濟發展的主要是原本存在的地方社會結構和部族體制，而非殖民時期延續下來的國家中央體制。❷

　　以下提要說明：殖民時期設立的榨取式體制，在某些殖民地繼續實行，而有些殖民地則保留了較包容式的體制，這反映著地理特徵、疾病環境和人口密度。目前整體的證據顯示，上述體制對前殖民地的經濟發展有深遠的影響，不過有些重要干擾因素，尤其是疾病環境和殖民者人力資本，或許會妨礙得出穩當的量化結論。可是未被殖民過的社會又怎麼說？它們的體制從何而來？為什麼有利於技術進步和經濟繁榮的體制，最早發源於歐洲，而非像是亞洲那些規模大又先進的文明？而在歐洲為什麼是先發源於英、法、德？

體制的起源

　　在歷史關鍵轉折點發生的體制改革，有的起因於戰爭、疫病，有

的出自任性、有魅力或殘酷的領導者，有的是命運擺布，這些改革有時是各地發展軌跡出現分歧的直接原因。❷中古歐洲要是不曾流行黑死病，或是詹姆士二世在戰場上擊退奧蘭治親王威廉，封建制度和君主專制在英國或許會持續更久，工業革命最後也許會發生在其他地方或不同時期。有些情況確實是出於相當獨斷的政治決定，例如朝鮮半島以北緯三十八度線分割使一個民族分為兩半，儘管基本地理和文化環境穩定，經濟命運卻截然不同。也就是說，在重要關頭的某些體制轉變，結果也許成為成長之路的分岔口，國與國間的懸殊差異由此而生。地理和文化因素原本就是長久不變，體制卻不然，體制可以很快改變，因此有可能造成牽一髮而動全身的效應。

不過「隨性所至」的體制變化相當少見。體制通常可存活數百年，調整速度十分緩慢，即使技術和商業發展亟需改革也不例外。體制主要的影響其實可能在於其**持續性**，以致對發展產生長期影響。榨取式體制在拉丁美洲，促進成長的體制在北美洲，便是如此。

大體而言，體制是回應長期壓力和趨勢而逐步演變：比方社會變得更複雜；環境轉變開啟新的貿易機會，因此對公共基礎建設產生需求；氣候條件要求合作，建立灌溉系統；人口增加且日益密集，提高社會內聚力的重要性。❸為了明白對世上過去非殖民地的主流體制的源頭，就需要檢視文化、地理、社會等其他因素。

同時一旦開始追索西歐各民主國家的巨大差異，要用政治體制解釋經濟繁榮的差別，恐怕就會捉襟見肘。二〇二〇年西歐各國的人均所得，從希臘一萬七千六百七十六美元，到瑞典五萬一千一百二十六

美元，瑞士八萬六千六百零二美元，再到盧森堡十一萬五千八百七十四美元。**㉛** 同理要解釋國家**內部**延續數百年明顯的財富不均，必然需要納入其他因素，例如義大利南北的鴻溝。義大利自十九世紀後半政治統一以來，全國原則上是在相同的中央治理體制之下。

前面已分析過，促進成長的政經體制如何強化技術進步與人口規模、組成間的良性循環，進而加速轉向現代成長世紀。也探討過阻礙成長的體制，如何在改變的巨輪插入煞車，阻撓發展，助長經濟長期停滯。不過以下內容會顯現有不一而足的文化、地理、社會因素曾影響體制或與體制交互作用，而在某些地方抑制創新和人力資本形成，在另一些地方卻促進技術發展、教育投資和人口轉型。

為恰當地理解這些因素的作用，我們必須把時間再往前推，先探究影響成長過程的文化特質從何而來。

| 第九章 |

文化因素

耶穌曾斷言：「駱駝穿過針眼，比有錢人進入天國容易。」這是最早創立基督宗教者常講的一個主題，神學家有好幾百年都反對追求個人財富，認為是靈性發展和救贖的障礙。據稱使徒保羅甚至曾主張：「貪財是萬惡之根。」後世神學家也所見略同。十三世紀多瑪斯·阿奎那（Thomas Aquinas，譯注：歐洲中世紀重要哲學家與神學家，一二二五至一二七四）宣稱「貪婪」是罪行。基督教義也說，在審判日社會秩序將被推翻，溫柔的人「必承受地土」。❶

一五一七年，德國教士兼神學家馬丁·路德把他寫的《九十五條論綱》，釘在威登堡某教堂門上，譴責羅馬教廷出售贖罪券，震撼了基督宗教世界的核心。路德的目的是改革教會，並非脫離，但是路德與教廷擁護者隨後的激辯造成難以修補的裂痕。一五二〇年，教皇良十世（Leo X）正式宣稱打算將路德逐出教會，路德的回應是公開焚毀教皇對他下的詔書《主起來吧》（Exsurge Domine），以及大批教會法典。這麼一來，也燒掉他與羅馬教會的最後橋梁，路德的主張由此在基督宗教世界獨樹一幟，更引發西歐的宗教改革。

　　新教改革釋放出一波新的宗教規範和信仰，遍及各種課題，包括節儉、企業家精神和財富。第五章曾談到，路德（一四八三至一五四六）主張，教會不應在人與上帝之間扮演中介角色，他鼓勵個人獨立閱讀聖經，這種激進的作法成為鼓勵信徒學習讀寫的動力。法國神學家喀爾文（Jean Calvin，一五〇九至一五六四）是新教喀爾文派的創立者，他主張所有忠誠的基督徒，都有義務以勤奮工作、儉樸生活、節制浪費與放蕩，來服事上帝；在他看來，經濟成功應是上帝恩典的徵兆，甚至可能代表個人注定會獲得救贖。其他教新派別更正面看待累積財富。譬如十八世紀英國教士約翰・衛斯理（John Wesley，一七〇三至一七九一），創立衛理宗（Methodism），他敦促信徒聚積財富並慷慨捐輸慈善事業。❷ 這些基督教派別在德國、瑞士、法國、英格蘭、蘇格蘭、荷蘭吸引信徒，後來傳至北美，還有宗教改革前的派別，如西妥會（Cistercians），都鼓勵簡樸、勤奮等，一般認為與經濟成長有關的文化特質出現。❸

　　有關文化特質與經濟成長關係的現代思潮，確實是新教教義播下的種子。最著名的是一九〇五年，德國社會學家馬克斯・韋伯（Max Weber）發表極具影響力的論文《新教倫理與資本主義精神》（*The Protestant Ethic and the Spirit of Captalism*）。他主張新教教義促成一種信念，**現世**積累財富的能力是有可能上天堂的強烈指標，正當化以財富本身當作目標，也重新定義無所事事為恥辱之源。因此他認為，新教倫理是西歐「資本主義精神」的起源。

　　對韋伯論點的批評是，他主張資本主義興起，思想的力量先於

馬克思強調的物質力量。不過有證據支持這種說法：「新教倫理」曾發生作用，促使某些有利於經濟成長的文化特質出現。十九世紀普魯士某些地區有頗多新教徒，當地的識字率和經濟繁榮確實優於其他地區，新教徒樂意投資教育，則有助於新教對經濟繁榮的長期影響。❹再者，來自曾屬於神聖羅馬帝國地區的證據指出，在當地成為企業家的可能性明顯較高，與新教信仰有關。❺

　　無論新教倫理對成長過程的重要性如何，顯然文化在經濟發展過程扮演重要角色，有時更是關鍵性角色。

文化的力量

　　文化特質指的是社會盛行的共同價值觀、規範、信念、偏好，並世代相傳，對社會發展過程經常產生重大影響。特別是文化的某些面向會使人口傾向（或避免）維繫緊密家庭關係、人際互信、個人主義、重視未來及投資人力資本，那有相當大的長期經濟意義。❻

　　文化特質與個人特質的界線往往模糊不清。有些人也許基於社會、族裔或宗教團體的價值觀而大手筆投資子女教育，有些人則也許受個人特質所驅使，這反映出他的人生體驗、成長教養和家庭背景。只是個人的價值觀、信念、偏好很少能獨立於社會和文化脈絡之外。當這些規範在個人身上的變化明顯與他所屬的族裔、宗教或社會團體有關，那似乎在某種程度上是文化而非個人差異的表現。也就是要了解**團體間**的不平等，從文化成分著手才恰當。

那文化特質是如何產生並延續，在人類歷史上又如何影響社會演進？

猶太教提供一個文化特質的例子，它產生得相當自然，並因其延後的無法預見的優點而得以持續，事後卻證明具有長遠的意義。近二千年前，在敵對的猶太教派權力鬥爭中，有幾位猶太賢哲鼓吹普及識字。倡導識字最著名的是西元前一世紀的拉比西蒙・班・夏達（Shimon ben Shetach），還有約百年後的大祭司約書亞・班・加姆拉（Joshua ben Gamla），他堅持猶太父母有義務讓兒子受教育。本書第五章曾提到，在識字率極低的時代，提出這種教旨是巨大的挑戰，當時很少職業需要讀寫能力，大多數家庭也負擔不起浪費兒子的勞力或為兒子付學費。❼

這類文化倡議在人類社會並不少見，卻極少存活得夠久，以長期促成有意義的文化變遷。❽ 不過此處所舉的例子，因一連串事件共同促成，使改變的腳步始終未停歇。西元六六年，猶地亞（Judaea）發生反羅馬帝國大起義（Great Revolt），事後羅馬人摧毀耶路撒冷及猶太聖殿（Jewish Temple）。有幾個猶太教主要支派消失，包括以祭司菁英為中心的撒都該派（Sadducees），和為猶太獨立而戰的奮銳派（Zealots）。相對較溫和的法利賽派（Pharisees），強調研習猶太經典重於在聖殿中做禮拜儀式，則成為猶太世界的主導團體。重視學習的法利賽派鼓勵信眾受教育，後來又對未能送兒子上學的家庭施以文化制裁，這卻適得其反，引起較窮困家庭放棄猶太教。

西元三世紀初，在羅馬占領的猶地亞，猶太社群領袖拉比猶

大・哈－納西（Judah ha-Nasi）為激勵戰敗後倖存的子弟，也強調閱讀聖經和實踐其戒律的重要性。千百年來，猶太人被逐出祖國，流落異鄉又出現法律，禁止他們擁有土地，於是取得本屬活動資產的人力資本，變成是特別有吸引力而且划算的投資。後來穆斯林世界都市化，中古歐洲對會讀寫的勞動力需求也增加，進一步加強鼓勵讀書的好處，也加速猶太人長期的就業趨勢，離開農業，轉往從商和需要高學歷的都市專門職業。

文化變遷彷彿生物的突變，乍看之下或許是「隨機出現」，可是其存活或消失並非偶然。❾ 若非猶太賢哲的規定和路德的倡導，猶太教或基督新教團體也許從不會有讀書識字的規範；可是實際去做的人要是得不到好處，在本例是商業和經濟利益，則幾乎可以確定，它不會如此深植於文化中，而現在的好處，是當初擁護研讀聖經的人想像不到、也不會以此為號召的。

不同時空的不同社會，為適應所在的特殊生態棲位，必然會發展出不同的規範。隨時間流逝，在各個文明都有思想家和領導者提出無數倡議，來改革規範、價值觀和信念。然而大多數時候，新文化特質的優點不是由地理和氣候特徵、疾病環境所強化，就是受技術、商業、社會條件所支持，才得以延續而產生重要文化變遷。

人類發展出各種傳統與準則來規範像是飲食、財產權、社會團結、家庭結構、性別角色等。生存於社會的個人往往以為，這些傳統是基於歷久彌新的基本真理，通常會忠於真理並加以延續。個人不見得知道各種傳統原本的目的，或是理解它是為了適應什麼而存在。❿

　這種遵守現行文化規範、不挑戰其基礎的心理傾向，給予人類一種生存優勢。在科學知識幾乎等於零的社會，人類不懂人類生物學、集體意識或影響棲息地的生態因素，卻能夠在複雜危險的環境中成長茁壯，所作所為彷彿具備上述知識，這要感謝一代代從嘗試錯誤中累積的智慧，以古老傳統、永恆信念、普遍法則的形式流傳下去。舉例來說，衛生條件差或分辨野生植物是有毒或有營養的能力不足，社會還是建立起代代相傳的飲食守則，後人不必親身去學習和適應這些條件，省去那有致命之虞的過程。

　全世界的文化各有千秋，那是每個社會適應獨特的利基生態，及適應歷史狀況的結果。⓫ 這適應過程因而**並未**對各地的規範產生等級之分。不過正如開創文化人類學的法蘭茲・鮑亞士（Franz Boas）認為，大多數文化有一個共同特點，就是有誤導、甚至是具破壞性的信念，總認為自己的規範到哪裡都是最高尚的。這種傾向可能促使種族主義成為許多社會的文化特徵。別的民族和文化被視為水準低下，甚至不被當成人看，這種形象經常被征服者或殖民國引用，做為剝削、奴役、屠殺的道德正當性說詞，也造成殖民國與被殖民者之間嚴重的不平等。⓬

　可想而知，許多歷久不衰的規範有利於對奉行規範的社會能長期繁榮。這些特質包括比較願意更廣泛地合作，在地理特徵需要發展公共農業基礎設施的地方，就會出現這種合作，例如梯田和灌溉系統；行事作為比較重視未來，農業社會在投入耕種後，可以長時間享用收成的好處，因此發展出這種傾向；以及更信任陌生人，這種信任出現

在氣候變化大、必須共同承擔風險的地區。這類特質出現於不同時期、不同地方，但都延續下來，並且四處傳布，因為它們使社會整體受益。

　　不過後來有一個地區發生戲劇化轉變，刺激這些增進成長的特徵，以致形成「成長的文化」（a culture of growth）。

成長的文化

　　人類史上大多數時候，凡是對承襲自祖先的規範、信念和偏好產生質疑的人，都想方設法以有效率的新方案取代舊方案。文化智慧與傳統備受尊崇，是由於曾幫助人類生存，可是很少有人深入理解，它們曾**如何**有益於個人的福祉，所以質疑文化的效力有演化上的風險。正因如此，史上大多數人類社會都抗拒急遽的文化變遷，像是隨技術、科學、哲學重要進展而來的變化。反之，各種文化往往強調古代祖先的深謀遠慮，並以懷舊之情和唯心主義崇敬著久遠的過去。像猶太教正統派的信條之一是「世代衰落」：即相信過去的世代較明智，較接近神，而數千年前猶太賢哲對聖經的詮釋，既深入又條理分明，後世難以企及。

　　後來出現某個轉捩點，當技術變化達到一定速度，保守態度的優勢開始走下坡，從此以後，對古代智慧的崇敬感便逐漸消散。英國－愛爾蘭作家強納森·史威夫特（Jonathan Swift，譯注：以《格列佛遊記》聞名於世），一七〇四年出版諷刺之作《書籍大戰》（*The Battle* of the Books），對當時的時代精神有特別生動有趣的描述。故事是說新書和舊書在圖書館中復活，彼此大打出手。這是隱喻文藝復興時期，人文主義出現，引發一場爭議，到十七世紀越演越烈，當時的歐陸為之震動。一邊是「現代派」（Moderns），主張時代和價值觀已經改變，可以超越古希臘羅馬思想，向前邁進。另一邊是「古代派」（Ancients），認為古典思想家的智慧是永恆、普世的，現代哲學家和作家只能自限於以拯救、復興和模仿古典思想為主。

這場爭議是歷史上獨特的一刻：前瞻的哲學家開始比對手占上風。所以伊曼努爾·康德（Immanuel Kant）在一七八四年的論文〈什麼是啟蒙？〉（What is Enlightenment?）中寫道：

> 啟蒙是人類走出自我強加的不成熟（nonage）。不成熟是指若無他人引導，便無法運用本身的理解力。這是自我強加的，其原因不在於理解力不足，而在於優柔寡斷和缺乏勇氣，做不到不必他人引導，便可運用本身心智。要勇於去知道！因此「要有勇氣運用自己的理解力」是啟蒙運動的座右銘。**⓭**

啟蒙運動號召人要有自信，要有決心反對陳舊的文化傳統。它鼓勵培養懷疑態度、經驗法則和富於彈性的世界觀，它希望創造的新文化，不是基於信仰過去的傳統，而是相信透過科學、技術、體制的進步，可以創造更美好的世界。這種觀點很適於快速適應不斷變化的環

境，因此經濟史學者喬爾・莫克（Joel Mokyr）最近形容它是「成長的文化」。❶

隨著技術和社會變遷的腳步急遽加快，能夠採取這種精神的個人與社會欣欣向榮。比起以往各時期，這是很激烈的典範轉移，過去因為進步的速度較慢，比起崇敬古人智慧和信守傳統，啟蒙時代精神往往屈居劣勢。

然而文化的本質和目的就是要保存和延續，不排斥過去，也要迎接改變，這固有的緊張關係，意味著對大多數社會而言，變化太快不是挑戰艱巨，就是行不通。

文化慣性

根據**節儉基因學說**（thrifty gene hypothesis），漸進式適應使人類遠祖靠累積脂肪儲備，活過糧食不足時期。可是在現代糧食充裕的社會，這種適應法卻導致全球過胖盛行，也是致病和死亡的主因之一。❶ 儘管這個特性在現代是缺點，可是它存續至今，反映出生物特性演化的速度通常比人類棲息的環境慢。

文化特質當然不同於生物特性。文化特質不像基因，是在同儕間水平傳播，不是在世代間垂直相傳。這種社會傳播是透過學習、模仿、教育和禁忌來進行，代表文化特徵可能演變得比基因組快很多。不過文化特質又比生活條件演變得慢，也與體制有所不同，即使周遭環境變化很大，文化特質也很少跟著迅速轉變。

　　文化慣性對經濟發展的影響，可以從義大利南北部發展軌跡的差別看出。義大利自一八七一年起是統一的共和國，由一套單一的政治、法律、經濟體制治理。與韓國相反，南義北義沒有國際界線區分。可是南北義的差別十分明顯，南部許多地方的人均所得，只有富裕北部的三分之二。

　　一九五八年美國政治學者愛德華・班費德（Edward Banfield）提出影響很大的論點，把義大利南部繁榮水準較低歸因於當地的家族關係較密切。❶ 他指出，家族關係越熱絡，對非親非故的外人信任會降低，削弱為公共目標共同合作的意願，因此降低當地經濟繁榮水準。最近有符合其論點的證據顯示，義大利各地的親屬關係確實差別很大，通常是國與國間才會如此。同理，較緊密的核心家庭關係確實對社會信任、政治參與、婦女勞動地位及地理移動性等的程度有負面影響。❶ 諾貝爾經濟學獎得主、美國經濟學家肯尼斯・艾羅（Kenneth Arrow）就指出，商業交易經常要靠信任，缺乏互信對交易不利，也許對非家族的外人信任度較低，導致義大利南部相對於北部，經濟發展水準較低。❶

　　可是這些家族關係與信任度的差別，當初是怎麼產生的？在班費德的研究近三十年後，美國公共政策學家羅伯・普特南（Robert Putnam）發表同樣影響很大的著作，對這些令人不解的差別提出解釋。一千年前，義大利南部由諾曼族國王統治，實施封建式經濟制度，而北部各城市在擺脫神聖羅馬帝國的統治後，享有較多自由，並發展出較民主的體制。❶ 所以歷史上，北義民眾在政治事務上扮演積

極角色，對社區活動不吝貢獻，對同儕信任度較高，南義人民卻習慣於層級化政體中，發言權受到限制。普特南說，基於此，北義培養出有利於民主的文化，而南義許多地方則保留封建舊制遺緒的體制，又受制於黑手黨。

普特南說，民主很需要**社會資本**的滋養，社會資本即有助於信任和公民參與政治的文化特質。在中古時期較早取得獨立的義大利城市，其居民確實展現出較高的民主與公民素養、較多信任及較高度的經濟繁榮。社會資本也有助於人們對現代金融工具抱持更開放態度，這同樣對經濟繁榮有利。[20] 北義居民的社會資本水準高，反映在像是投票率和捐血率較高，也比較願意把財富存在銀行，接受信用，投資股票，取得貸款。有趣的是社會資本具有深遠影響力：移居國內其他地方的義大利人，仍然受祖籍地文化傳統的影響。

南北義的區別正說明與社會資本相關的文化特質影響力強大，並顯示那些特質會持續數百年，從而把體制變化的效應，由古老的過去帶到現在，仍左右著社會和政治發展。文化的長期歷史影響痕跡，在別的地方也看得到。哈布斯堡帝國（Habsburg Empire）自十五世紀中葉到二十世紀初，曾統治中、東歐廣大地區，並以體制效率高著稱。曾受哈布斯堡王朝統治的東歐地區，比起鄰近曾由鄂圖曼帝國或神聖羅馬帝國統治的地區（甚至在同一國內），**仍然**對統治體制較為信任，也較少貪腐。[21]

非洲奴隸買賣的遺毒提供社會資本延續或欠缺的例子，特別令人警醒。奴隸制在十五世紀前已存在於非洲部分地區，但是跨大西洋販

賣非洲黑奴的生意出現，在地酋長為回應歐洲奴隸販子的龐大需求，造成西非的綁架事件和部落衝突大增。這些令人傷痛的作為，造成對歐洲人和陌生人也對鄰居和親戚存有戒心與不信任感。的確，根據非洲晴雨表（Afrobarometer）機構對撒哈拉以南非洲各國的調查研究，在奴隸買賣已停止百餘年後，曾受其影響與未受影響的區域之間，人際信任的程度似乎有相當大的差距。❷

　　不過在移民和其子孫身上，或許最能清楚看到文化特質的延續性。我們可以想見，要適應環境條件及治理體制的突變，可能是漫長的過程。以遷到歐洲和北美的移民為例，他們對女性工作角色及子女獨立的態度，很快便會與移居地當地人口趨於一致；但是對宗教信仰和道德價值觀，即使是第四代移民，仍傾向於維持原鄉的部分傳統文化。❸ 這種適應上的差別，或許反映某些文化價值對經濟繁榮的影響不大，所以快速文化適應的誘因有限；遇到這種情況，個人較可能保留父母的價值觀和傳統。

　　簡言之，文化特質來自諸多因素，主要是為適應棲息地而做出回應。針對棲息地環境所做的調整，形式上不論是新體制、新技術、新作物、貿易或移民，對新文化特質的出現與持久都有重大影響。當文化特徵改變，帶來經濟上的成功，這種改變似乎就發生得比較快。但是由於整體文化的演進比技術慢，近數百年來尤其如此，因此某些社會的文化特質可能曾經是、也仍會是發展的障礙。

文化與繁榮

　　文化曾以各種方式對成長過程和經濟繁榮做出貢獻。受文化重大影響的包括如何扶養子女、影響人力資本形成、終至啟動人口轉型。文化形塑我們對彼此以及對政治、金融體制的信任，由此促進社會資本及合作。文化使我們的行為有未來導向的傾向，這影響到儲蓄、人力資本形成及採納技術。文化也影響我們如何看待促成轉變的思想及典範的轉移。

　　正如政經體制會影響文化價值觀，諸如增強或減弱信任陌生人、投資於教育、與旁人合作等傾向，文化確實也會反過來影響政經體制。❷ 例如在北美，不同歐洲移民群所建立的體制，各自符合其祖國十分重視的文化價值。❷ 貴格派（the Quakers）文化注重個人與宗教自由，贊同建立限制政府角色、以個人自由為優先、政教分離、課稅較少的體制。清教徒（the Puritans）為求靈性獨立和社會團結，所以重視讀寫能力，他們建立體制以推廣公共教育、社區參與、嚴守法律和秩序，並以高稅負支持這些。蘇格蘭和愛爾蘭移民偏向政府少干預個人事務，於是建立保護個人自由的體制，採取特別法庭（「邊區正義」〔frontier justice〕，譯注：意指體制外）解決爭端，支持攜帶武器權，維持低稅賦。這些文化價值觀及所青睞的體制類型，至今在美國社會的各個部分依然明顯可見。

　　人類歷史一路走來，大多數社會中的個人都對技術、科學、哲學變化抱持懷疑態度，並會維護統治體制和現有權力結構。這實非偶

然；如前所述，那是在不確定的環境中，跨世代穩定的價值觀、信念和偏好，對生存與繁榮曾產生重要作用的結果。可是數百年前，西歐社會**確實**發生文化轉換，使得人類歷史巨輪加速轉動，也促進邁入經濟持續成長的現代。西歐社會獲得的信念是：科學、技術和體制發展，是建立更美好世界的鎖鑰。亦即西歐社會相信這類發展**代表進步**。

　　關鍵在於西歐社會採納的文化特質，像是更願意投資人力資本及性別平等，在後來成為人口大轉型及啟動持久成長模式的主要動力。西歐社會又及時採納促進成長的個人主義和現世主義等價值：相信個人有權創造自己的命運，不受社會、甚至宗教所限制。這些文化轉變對建立有利於技術**進一步發展**的政經體制也很有幫助。隨著技術和社會變化的腳步加快，這些新文化規範和體制結構越來越具有優勢。由此形成良性循環。增進成長的文化規範，會加速技術前進及從停滯轉為成長的腳步，而歷史巨輪鼓動文化特質朝適應加強成長過程的方向演進。

　　不過仍有一大疑惑尚未解決：為什麼特別有利於技術發展的某些文化和體制，只出現在某些社會，未出現在其他社會？宋朝和阿拔斯帝國（Abbasid Caliphate，譯注：西元七五○至一二五八，首都為巴格達，是伊斯蘭教世界鼎盛時期，中國古代史稱為黑衣大食）都有技術發展光輝的一頁，可惜後來發展的步伐衰微，而西方多虧有增進成長的體制和文化特質，至今仍進步不衰。

　　在人類史上某些重要關頭，文化和體制變化發生的地點，或許

看似偶然；照這麼說，歷史事實可以反過來想，北韓變成資本主義重鎮，南韓淪入共產主義貧窮。不過在大多數情況下，文化規範和體制架構出現的基礎是某些根深柢固的因素，包括地理和人類多樣性。

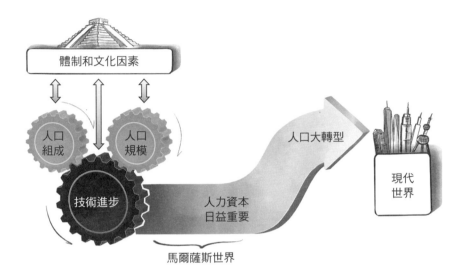

體制、文化與變化巨輪

| 第十章 |

地理的影子

　　在工業革命之前，牲畜是世上許多地方的農業根基。動物不只是重要的糧食來源，也提供紡織品纖維和交通工具。在歐亞大陸，牛是農業革命不可或缺的要角。在南美洲安地斯山脈，駱馬和羊駝是負重動物，也是毛與肉的來源。在阿拉伯、撒哈拉與戈壁沙漠，駱駝不但載著遊牧民族走過荒野，也在旅途中提供毛皮和乳汁。在西藏山上，藏民用犛牛耕田和運送貨物，也取用其毛、皮和乳汁。牲畜可以使社會提升農牧生產，進而增加人口和加速技術進步。

　　不過地球上有個地方基本上曾經一直不見牲畜：從非洲東岸到西岸，有一長條寬廣土地，北邊被撒哈拉沙漠，南邊被卡拉哈里沙漠包圍。這一帶沒有牲畜，似乎是歷史上當地人煙稀少的主因之一，居民也因此未享有與其他地區相同的技術進展與政治體制。為什麼會沒有牲畜？答案在於一種不起眼的蟲害。❶

　　嗤嗤蠅（tsetse fly）最適於生長在中非洲潮溼溫暖的氣溫，靠吸人與動物的血維生。牠是傳染非洲睡蟲病（African trypanosomiasis）給人類的致命寄生蟲的主要宿主，也會傳染類似疾病給山羊、綿羊、

豬、馬和其他牲畜。被這種寄生蟲感染，有些動物會死亡，存活下來
的動物則泌乳量減少，精神變差，所以社會無法仰賴那些動物。近來
根據一九六七年收集的人類學證據，對非洲這地區近四百個殖民前部
落的研究發現，嗤嗤蠅的存在，對從事畜牧業及依靠牲畜的農業技術
如犁田，有極為負面的影響。❷ 嗤嗤蠅的確對馴化牲畜傷害很大，以
致從人類剛轉向農業起，它肆虐的地區就一直比鄰近地區開發度低。
❸ 由於嗤嗤蠅只生長在某些地理條件，中非洲看不到牲畜，以致當地
從此無法發展經濟，終究取決於這些地理特徵。

　　嗤嗤蠅並非唯一擾亂非洲經濟發展的昆蟲。在特定氣候條件下最
適於繁殖的瘧蚊，會傳染瘧疾給人類，非洲也因此付出慘痛代價。在
非洲撒哈拉以南、東南亞、南美洲等易感染瘧疾地區，人口受嬰兒夭
折率高所苦，即使活下來的孩子也經常有長期認知缺陷的後遺症。❹
更何況子女可能保不住，迫使父母多加生養，以致降低他們投資於
子女人力資本的能力，也有損於女性就學及勞動參與。❺ 近數十年的
醫學突破減少了其他傳染病對經濟成長的負面效應，但是對瘧疾仍缺
少有效的疫苗，這將繼續阻礙瘧疾盛行地區人力資本的累積及成長過
程。

　　除去傳染疾病的昆蟲，其他地理條件也影響經濟發展。在鐵路和
航空交通發明前，地理位置靠近海洋及能航行的河流，是貿易、技術
傳布及取得豐富海洋資源的一大優勢，因此對發展過程和國家形成有
重大影響。❻ 全世界四十四個內陸國家，其中有些經濟十分繁榮，如
奧地利和瑞士，但大部分一直是窮國。同樣地，地形特別崎嶇或氣候

變換無常，通常對發展有直接的不利影響。

　　地理也決定是否有天然資源可用，例如化石燃料和天然礦產。天然資源往往在短期內帶來相當多的意外之財，可是長期看來，卻常被視為「資源詛咒」，因為資源會移出人力資本密集的產業，並提倡不事生產、尋租（rent-seeking，即透過壟斷或管制獲得獨占利潤）的活動。曾有人主張，英國煤產豐富，使它在開發蒸汽引擎技術上領先，這有助於工業革命及早發生，然而，其他煤礦豐富的國家如中國很晚才開始工業化，情況一直是如此。有趣的是在馬爾薩斯世，土地適於農耕是好處，能夠提高人口密度和技術進步。可是到現代，在農業上享有相對優勢，反而有礙其他盈利更多的產業發展，與繁榮是負相關。❼

　　不過，地理除了直接影響農業、勞動生產力、採用技術、貿易、提供天然資源之外，還有許多關鍵影響屬於間接，包括促進競爭、塑造體制並形成某些文化特質。

景觀碎裂與歐洲崛起

　　地理能夠促進競爭，這可以解釋歐洲崛起的原因，解釋歐洲為何有能力躍過中國等其他文明，創造所謂**歐洲奇蹟**（European Miracle）。

　　中國最肥沃的地區早在西元前二二一年就已統一。過去二千年裡，這些地區都採用統一文字和單一主要語言，大多數時候也都在中

央控制之下。反之，歐洲長期一直在許多政府間分崩離析，形成一塊塊不同的國家和語文。❽ 有人說，這種政治上的四分五裂，促使歐洲各國間激烈競爭，競爭似乎又促進並刺激體制、技術及科學的發展。❾ 如啟蒙時代蘇格蘭哲學家大衛・休謨（David Hume）在一七四二年寫道：

> 最有利於提升禮貌和學習，莫過於與若干獨立國家為鄰，藉商業和政策相連結。鄰國間自然產生競爭是改進的明顯來源：然而我主要所堅持的，是如此有限的領土對權力與權威的制止。❿

在集權式文明如中國和鄂圖曼帝國，政府有權阻擋威脅到菁英階層利益的技術或文化發展。而在歐洲，受阻的投資者和企業家可以搬到鄰國去，鄰國國王也許不願直接放棄最後可能決定其命運的技術、商業或組織革命。

哥倫布航行到美洲的經費來源就說明這種競爭性質。哥倫布最初是向葡萄牙國王若昂二世（Joáo II）請求資助西行航程，但遭到拒絕，因為國王認為，葡萄牙應加強向南向東繞行非洲的航線，才是較謹慎的投資。之後哥倫布向熱那亞和威尼斯去募資，可惜無功而返。他再派兄弟去探聽，英格蘭國王亨利七世（Henry VII）是否願意負擔經費助他遠征，他自己則去探詢卡斯提亞（Castile）女王伊莎貝拉一世（Isabella I），及其夫婿亞拉岡（Aragon）國王斐迪南二

世（Ferdinand II，譯注：他倆聯姻使兩國合併，最終成為西班牙王國）。由於西班牙在競相爭取到東方的直接航道上已落後其他國家，哥倫布最後說服這對夫婦資助他向西行，目的是找出繞道到印度的航線。兩位國王不但提供資金，還為此行商業成功提供誘因，准許哥倫布獲得部分預期的利潤。

歐洲人受競爭刺激才航海探險和掠奪，對照中國歷代較溫和的海上冒險，更顯現政治競爭的影響。十五世紀初，中國帝國艦隊航向東南亞及非洲，所用的船隻比哥倫布能用到的要大很多。可是十五世紀中葉，中國朝廷捲入內部權力鬥爭，當親海軍派失勢後，中國拆卸船塢和船舶，禁止有可能獲利豐厚的長程越洋航行。

鄂圖曼帝國延遲引進印刷機，是缺乏競爭或技術變革危害嚴重的又一個鮮明例證。根據某些記述，一四八五年鄂圖曼蘇丹下令，禁止以活字印刷機印行阿拉伯文手稿，此舉是為緩和勢力龐大的宗教界，擔心因此失去對散播宗教智慧的獨占地位，其次也為保護會遭到競爭的抄寫員。❶ 直到一七二七年，使用舊式印刷術數百年後，鄂圖曼才允許第一家阿拉伯字母的印刷廠開張。即使如此仍受到嚴格監督，隨後一百年，鄂圖曼各印刷廠的機器只能轉動有限的次數，印行數百本書。❷ 十八世紀初鄂圖曼帝國識字率低落，僅占總人口二％至三％，印刷障礙或許是原因之一。❸

歐洲的競爭促進創新文化和體制調整，宗教改革便是主要例證。企業家跨國推銷生意，工程師、醫生、建築師、技藝熟練的工匠，在歐洲各地移動，尋找經濟機會。❹ 阿拔斯帝國（七五〇至一二五八）

下的穆斯林哈里發國及宋朝時期的中國（九六〇至一二七九）都有過創新發達時期，在數學、天文學和工程學上成績斐然，可惜這些趨勢後來未能繼續。歐洲則自文藝復興時期以來，這些文化變革至今從未中斷，使歐陸及它在北美的文化遠親，五百年來一直站在技術進步的尖端，直到不久前還是所向無敵。在當前全球化時代，激勵創新的當然已非歐洲內部的競爭，而是洲際競爭：歐洲對北美對東南亞。

　　可是歐洲這種政治分裂從何而來？歐洲為什麼會分權化，以較小的國家相互競爭為特點，亞洲卻是廣袤領土由單一的龐大帝國掌控？德裔美籍歷史學者魏復古（Karl Wittfogel）提出**水利學說**（hydraulic hypothesis）的理論，指出上述差別或許來自歐洲農業大多仰賴降雨，而中國大江大川周遭地區發展出複雜的水壩和運河網，所以不必依賴降雨，但是運作供水網需要相當程度的政治集權。**⓯**

　　也有理論直接訴求中、歐的地理景觀。凱撒、查理曼大帝、拿破崙等令人敬畏的領袖，曾掌控歐洲大片土地，可是比起同時代中國的帝王，他們成功維持掌控歐洲的程度要遜色太多，部分是由於各自的地理條件：長江黃河提供中國帝王往來各重要地帶的交通連結，而歐洲大河：萊茵河—多瑙河，規模小得多，並只有部分能讓野心大的霸主快速航行於歐陸不同地區。再者庇里牛斯、阿爾卑斯和喀爾巴阡山脈，對企圖征服歐洲者構成重大的天然障礙，波羅的海和英吉利海峽也是，提供歐洲許多政治實體包含英、法、西班牙、瑞士、義大利和北歐諸國防範入侵的天然屏障。相形之下，中國的山脈無法提供避開集權帝國統治的保護。**⓰**

　　歐洲斷斷續續的海岸線提供另一個政治分散化的地理解釋。歐洲海岸的特徵是海灣和半島眾多，例如希臘、義大利、西班牙和北歐都是如此。這些地方的居民能夠防範外敵入侵，並且即使在戰時也能維持海上商業航道通暢。[17] 碎裂的海岸線也鼓勵發展，先進的海上貿易技術，為日後商務及財富爆發奠立基礎。[18] 東亞的海岸線沒有這類半島，僅韓國是例外，韓國的確發展出獨立的文化。

　　以後見之明就看得很清楚，中國的**地理相連性**導致政治集權化，這在中古時期是好處，使中國的經濟和技術領先。但是到工業革命前夕，它卻產生負面效應，此時需要競爭和文化流動性，協助促成及善用此次技術典範轉移。[19]

　　地理連結性會產生相互衝突的影響，代表對處於不同經濟發展階段的社會，連結性的好處不盡相同。當技術進展可能走得比較慢時，像中國那種高度地理統一，儘管對競爭和創新有負面影響，卻可以使中央集權政體有效統治龐大帝國，並透過建立法治和投資於公用物品，來促進經濟成長。可是一旦技術進展加快腳步，低度地理連結性，就算不利於社會凝聚力，卻能激勵競爭和創新，促進繁榮。換言之，當人類歷史巨輪轉得越來越快，技術更是大步前進，地理連結性最有利於成長的好處降低，導致二種文化的命運反轉。

　　話雖如此，中國並未經過重大的新技術典範轉移，如今卻已完成向現代成長的轉型，並且以中國經濟的規模而言，地理相連、政治集權與社會內聚力，或許將使中國重新站上全球繁榮的尖端。

榨取式體制如何興起

第八章曾提到，地理條件對不同殖民地的體制的性質曾發揮關鍵影響力，並且延續至今。

中美洲和加勒比海區的熱帶氣候及火山土壤，還有拉丁美洲和美國南部的農業氣候條件，使這些地方成了種植莊稼的理想區域，在當地以大型農園和大規模勞動力效率最高。[20] 這些地理特徵導致殖民時代土地所有權高度集中，並產生奴隸制及強制勞動等，粗暴地榨取剝削式體制。其影響持續甚久。這些殖民地一旦獨立，在地菁英階層往往維持阻礙成長的榨取式體制，以繼續享有政經不平等的利益。[21]

再者，在哥倫布抵達之前，中南美洲的富裕地帶曾出現技術最進步的文明，殖民強權在這些地方建立榨取式體制，以便支配剝削當地廣大的原住民人口。[22] 這類體制出現並一直延續到後殖民時代，可歸因於地理的間接影響。因土地和氣候適於發展營養價值高、又可依賴的農業，這類地區人口較為稠密。地理條件使發展之路走得慢，以致某些過去的繁榮地帶淪為美洲最不富裕之處。

地理以類似方式影響殖民時代，不對稱貿易得以實行，因而鞏固了助長不對稱貿易的榨取式體制。非洲及美洲較落後地區擁有原物料和肥沃土壤，成為不對稱貿易的目標，並帶動壓榨最嚴重的奴隸買賣。第七章曾論及，這種貿易的收益加速殖民強權轉型至永續成長的現代，卻減緩開發中世界如此轉型的速度。[23] 尤其奴隸制對非洲經濟發展的影響直到殖民時代結束很久仍然揮之不去。[24] 人民曾受奴役和

強制移民影響最大的非洲國家，經濟至今仍是低度開發。㉕ 基於同樣原因，貧瘠之地通常有礙貿易和經濟繁榮，因為免受奴隸獵人之害，對當地經濟發展反而帶來長久好處。㉖

不過比起對競爭和體制的間接效應，地理還有更深入的影響，就是對文化特質的演進。

文化特質的地理根源

未來導向心態

未來導向心態或是傾向長期考量，是對經濟繁榮最重要的文化特質。這左右我們儲蓄、就學、促進或採用全新技術的傾向。據荷蘭社會心理學家吉爾特・霍夫斯塔德（Geert Hofstede）的研究，各國在這方面差異很大。㉗ 有鑑於這種特質對人力和物質資本形成、技術進步、經濟成長的作用，學者認為它是決定國家財富的基本因素之一。

未來導向文化特質的起源可上溯至演變出它的地理環境。假設在馬爾薩斯世，某個社會的成員正在考慮兩種可能利用土地的策略。消費型策略是利用全部土地進行採集、捕魚和狩獵，以滿足全體人口日常飲食所需。這策略保證適度、但相對穩定的全年糧食供應。另一種是投資型策略，要放棄目前部分的消費，勻出土地種植作物。這策略需要某種程度的長期考量，因為它涉及為將來的消費犧牲短期的消費。

　　歷史上，在作物產量較高的地區，投資型策略更有利可圖，所以
這些地方，人們會將比較大部分的可用土地投入農耕。而農產豐富地
區的社會確實享有較高的所得水準，在馬爾薩斯世的生育率也較高。
這應當已證明投資型策略正確，從而強化人們對長期考量的有利態
度，經過代代相傳，在那些社會便更為盛行。因此，我們觀察到世界
各地的人重視未來的行為程度不同，根源可能是作物產量高低有別。

　　作物收成在各洲內部和各洲之間分布並不平均（圖 17），這
是事實。尤其一五〇〇年以前，歐洲主要作物（大麥）和亞洲（稻

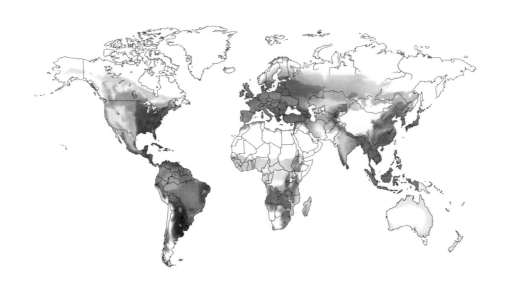

圖 17　1500 年以前各地作物潛在熱量收成
本圖描繪在西元 1500 年前，從播種到收成期間，
每日潛在熱量收成的全世界分配情形。潛在熱量產值高的以較深顏色標示。**❷❽**

米），（每英畝）所生產的每日潛在熱量，是撒哈拉以南非洲相對作物（豌豆）的將近二倍，從播種到收成卻只需三分之二的種植週期。

根據經驗證據，各大洲內部來自種植作物潛在回報較高國家的人，確實有注重長期的傾向，即使把其他地理、文化、歷史因素都納入考量也是如此。❷ 又根據歐洲社會調查（European Social Survey，二〇〇二至一四）及世界價值調查（World Values Survey，一九八一至二〇一四）歷來的民調，分析發現來自種植作物潛在收成較高地區的人，傾向看得比較遠。❸

依慣例，這些發現也有可能是倒果為因。也許這種相關性是反映，較重視長期未來的社會才會**選擇**種植需要長期投資的作物。只是相關之處在於**潛在**熱量收成完全是由農業氣候特徵推論而來，並非實際生長在某地的作物；這些特徵（大都）不受人類選擇影響，代表沒有倒果為因的問題。同時潛在作物產量（不出所料）與**實際**產量高度相關，代表作物產量確實是引發長期導向文化特質演變的機制。

另一種可能情況是，傾向於長期導向的社會最後**移居**到適合長期、高產量作物的地區。然而，有證據指出，在哥倫布大交換（Columbian Exchange）後，改種來自美洲的如玉米和馬鈴薯等高產量作物，明顯的影響了已定居的舊世界的人考量長期未來性的傾向。❸ 這表明，作物產量至少有部分是透過文化調適過程（而非選擇性移民）形塑了重視未來的行為。

重點在於，對目前居住在歐美的第二代移民的研究發現，他們對長遠考量的程度，與父母祖國的潛在作物產量相關（而非與他們出生

長大的國家有關）。也就是說，在這類情況下，作物產量（或基本農業氣候特徵）對前瞻性思考的影響，並非由地理直接造成，而是體現在文化中，並代代相傳。[32]

　　作物產量能把地理條件轉化為文化特質，並非只限於產量，作物需要的耕種方式也具有這種作用。來自中國各地區的證據顯示，適合種稻的土地需要大規模的共用灌溉系統，促成偏向集體、互賴的文化，而適合種小麥的土地需要合作的程度較低，所產生的是較為個人主義的文化。[33] 國與國間的比較也顯示，較適合勞力密集作物的土地與產生較注重集體的文化有關。[34]

性別角色

　　更多婦女進入受薪工作行列是經濟發展由停滯轉為成長的關鍵動力之一。工業化是主因之一，男女薪資差距因工業化而縮小，這激勵小家庭形成，也加速人口轉型。不過，不同社會對性別角色的主流態度，在某些地方是促進婦女就業和發展過程的重要因素，在某些地方卻是阻礙，將來依舊如此。

　　對經濟發展具關鍵意義的文化特徵，究其根源也可能同樣是地理條件。一九七〇年丹麥經濟學家包雪如（Esther Boserup）提出假說，現代社會對女性的勞動角色態度有別，是前工業時代耕種法的產物。她的論點是，由於各地的土質和盛行的作物不一樣，有些地方的農民用鋤和耙耕田，有些地方用馬或牛拉的犁耕田。使用耕犁和控制拉犁的牲畜，需要上半身孔武有力，所以男性在犁田上比女性占有很大生

理優勢，於是歷史上這些地區的女性就限於做家務。包雪如說，為勞力畫上性別界線，主要是土地適合用耕犁所造成。

來自世界各地農業社會的證據支持她的主張。在用犁耕田的地方，家中勞力分工向來較明顯：男人主要務農，女人主要限於做家務。而在用鋤、耙的地方，男女傾向於共同分攤從整地到播種和收成等農事，還有其他工作，如取水、擠奶、撿木柴，儘管大多數家務主要還是女人的責任。

照這麼說，耕犁似乎導致不只是種田，還有一大堆活動，都男女分工。根據世界價值調查在二〇〇四至一一年所做的民調，分析結果顯示，諸多當前的性別偏見都與使用耕犁有關。歷史上用犁較早、較密集的地區，如南歐、中東和中亞，如今在工作人口、公司董事會和政壇上，婦女都比較少，這或許可解釋部分原因。❸⁵

耕犁會影響對女性的態度，在目前住在歐美的移民子女身上也很明顯。來自用犁國家的第二代移民，比起不用犁國家，較缺乏男女平等觀點。儘管面對相同的經濟誘因和機會，其女性勞動參與率往往也較低。這些第二代移民仍受到祖先地理環境的影響，表示以往對性別角色的態度已傳至後代，即使家族移民到體制和教育制度不同的國度，這種歷史遺留依舊不斷（不過如前所述，對婦女進入職場的看法，與主流文化趨於一致的速度，往往比其他文化特質快）。❸⁶

損失規避

諾貝爾獎得主丹尼爾・康納曼（Daniel Kahneman）與認知心理

學家阿摩司・特沃斯基（Amos Tversky）揭露了一種人類的共同傾向，就是認為同樣數量（或相差不多）的收益和損失，損失更令人難以忍受，❸ 稱之為「損失規避」（loss aversion），「損失規避」是決定某一群體中創業活動的程度，因此也是促進現代世界經濟成長的一大要素。

在意損失的文化特質，起源或許也可以追溯到地理、特別是氣候環境的影響。歷史上大多數時候，人類的生產力或「收益」僅能支撐勉強溫飽的消費水準。馬爾薩斯時代的農民、獵人和牧人，因為乾旱等不利的氣候條件，經常導致饑荒甚至滅絕。在此同時，有利於作物豐收的環境只能帶來一時的生活改善和生育增加。所以從進化的角度看，審慎的作法是防範氣候反覆無常造成災難性損失，即使要犧牲整體的潛在收益。

我們傾向於把損失看得比同等的收益更重要，是否由於古代因應滅絕的威脅，才衍生出這種文化特質？源自氣候狀況不同的地區的人口在損失規避程度有顯著差異，顯示確實是如此。

假設有二個想像中的大陸：一是不穩定的多變洲（Volatilia）一是少變化的不變洲（Uniformia）。這兩大洲都曾發生氣候變動，損害作物生產，只是多變洲的好壞起伏更極端得多。這兩大洲氣候型態的區域差別也不同。當不變洲某一年特別寒冷時，各區域是同等酷寒。反之，多變洲的嚴寒年代，大多數地區氣溫極低，但是部分地區仍出現有利的氣候條件。於是，多變洲特定地區的居民，即使在特別辛苦的年分，還是能逃過氣候造成的損失，而不變洲的惡劣氣候條件

會影響全體人口，並有大量滅絕之虞。

　　這兩大洲上存在許多社會。起先兩大洲都有些文化十分強調規避損失，也有些文化對損失的態度較中立。那些避險文化採取的耕種策略是種植平均產量較少、可是也比較不怕氣候多變的作物。這可以保證無論氣候狀況如何，家人都享有基本的生活條件，因此這種文化的人口規模長期保持穩定。反之，對損失中立的文化採取的耕種策略是平均產量預期較高，可是對不利的氣候條件抵抗力較差。當氣候條件好時，對損失中立的文化享有額外的收成，使家族得以成長；可是當氣候惡化時，收成減少，糧食不夠吃，家族便暴露在完全滅絕的風險中。

　　後來這兩大洲都遭遇特別惡劣的天氣。在不變洲，這種事件必然影響全體人口，並且有可能消滅對損失中立的社會，因為傾向於做有風險的決定。由於不變洲的整體氣候狀況一致，因此所有對損失中立的文化都會遭受相同命運，無一倖存。可是在多變洲，各地氣候模式有別，有些對損失中立的社會可免受極度不利的氣候條件影響，其中至少有部分會享有長期富足、作物多產及人口成長。這些少數幸運的對損失中立社會將擴張得比規避損失的鄰居更快，於是，隨著對損失中立的特徵在全體洲民中日益普遍，多變洲的人口組成逐漸改變。所以可以預期，地球上類似多變洲的地區，損失規避型的社會比例較低，類似不變洲的地區，損失規避型的比例則較高。❸

　　從實驗證據，加上歐洲社會調查（二○○二至一四年）、世界價值調查（一九八一至二○一四年）、整體社會調查（一九七二至二○

一八年）等的民調，可提供關於各國內部及國與國間損失規避程度差異的估計。再與過去一千五百年的氣候數據相結合，並考量可能的地理、文化、歷史干擾因素，結果證據顯示，多變的氣候條件，確實促成損失規避程度較低的文化，在氣候變化較一致的地區，則促成損失規避較高的文化。[39]

　　當然，這種氣候不穩定與損失規避間的關聯，也許仍是反映一個事實，即傾向損失規避的個人和社會較可能定居在氣候少變化的環境。不過就像之前提到，哥倫布大交換期間引進生長季節不同的新作物，因此對氣候多變易受害的程度產生差別，我們藉此可以測試這種可能性。有證據表示，與新作物有關的多變性對已定居在舊世界的人口，大大影響損失中立的程度。這表示氣候確實有其作用。

　　同樣根據對歐美出生的移民子女的調查，經實證分析發現，他們的損失規避程度，與**父母**祖國而非本身出生國的氣候條件成正相關。這凸顯氣候多變並未直接影響損失規避，而是經過數百年調適形成特質，體現在文化上並世代相傳。[40]

文化與語言特色共同演進

　　住在靠近北極的伊努特族和住在挪威、瑞典、芬蘭北邊北極圈內的薩米（Sámi）族，據說有數不清的方式來形容各種不同的雪。而在較南邊的族群很少見過雪，未發展出那麼豐富的詞彙來形容雪，便不足為奇。[41] 同理，陽光較充足的社會，所說的語言顯然比較可能把「綠色」和「藍色」混為一談，因為分辨這二種顏色的能力變差，而

住在湖泊附近的人較可能有專屬的字表達「藍色」。❷

　　有千千萬萬股力量影響語言演進。其中包括語言所在地的環境、地理、文化、體制等特徵，確實言之成理。就像文化和體制，語言特色也是代代相傳。語言也不斷更新，以傳達千變萬化的人類經驗。說每種語言的族群歷來逐漸發展出最有效、最有用的語言特色，那些特色必然廣為傳播與盛行。❸ 根據**語言利基學說**（linguistic niche hypothesis），語言是因應社會及環境壓力而演進。❹ 簡單說，有較多字彙形容各種類型的雪，必然有助於伊努特族和薩米族的溝通，這很可能是那些字詞出現、演進和存留的原因。

　　語言不只促進在日益複雜的世界裡溝通，也影響說語言者的心態，即如何思考、認知、理解與彼此及與世界的相互關係。透過這種方式，語言有可能強化既有的文化態度。❺ 有三種關鍵的文化與語言特質共同演進，每種組合都源自語言發源地的地理條件，都對發展過程產生重大影響。❻

　　第一種語言－文化演進組合與對性別角色的態度有關。在南歐這類地區，土地適於使用耕犁，導致較明顯的性別分工，也易於出現文法上有性別之分的語言，如羅馬語族（Romance languages，譯注：又稱羅曼或拉丁語族，包含法、義、西、葡、羅馬尼亞語）。反之，在較不適合用犁的地方則易出現性別中性的語言。因此文法上的性別，很可能鞏固並維持性別歧視和性別分工，不利於女性人力資本形成、女性勞動參與率及整體經濟發展。❼

　　第二種組合與對社會層級的態度有關。在生態高度多樣化的地

區，比方多山的地區一邊毗連沙漠，另一邊鄰接海洋，在不同生態中的人口通常會發展出特別的技能和商品，促成各社群間相互貿易。這又會促成為增進貿易而設計的體制出現，增進方式是提供基礎設施，並保護和執行財產權。❹ 這類體制和主管機關的設立，促使社會變得較層級化，也出現**禮貌區別**。以德國為例，傳統稱呼老人和陌生人使用禮貌的敬語「Sie」，兒童和親朋之間稱呼則用「du」。許多其他語言也有類似分別，像是西班牙語的「tú」與「usted」。這類語言結構或許曾協助不同社會地位的人的順暢互動。語言是一股強大力量，它可能使社會階級深入人心，長久存在，對個人主義和企業家精神有負面影響，卻加強社會內聚力。❹

　　第三種組合反映對未來的態度。前面曾提到，有利於高熱量作物的氣候和地理條件往往促成較重視未來的心態。在這類地方會出現較長的動詞未來式，以表達意願、期待和未來規畫，譬如英語使用「shall」、「will」、「going to」等助詞。有些語言學家認為，較長的未來式反映較傾向於長期思考，及對未來行動的決心。❺ 使用這種語言結構的社會確實有較強未來導向的特徵；其民眾儲蓄較多、教育水準較高、較少抽煙、肥胖症較不流行，人均所得也較多。❺

比較發展根源

　　前面已討論過，地理對發展的影響是多方面的：透過流行疾病和天然資源，透過增強競爭和技術創新，也透過相得益彰的體制、文

化、甚至語言特徵。土壤特性適於大型農園，造成榨取式體制興起，也增強種族主義的文化特質，為剝削行為和奴隸制提供扭曲的道德理由。有利於作物栽培收成高的地理特性，會產生較重視未來的心態，也很可能促進設立保護產權和執行契約的體制，以強化未來導向的文化特質。適合用犁的土壤對性別平等的文化態度影響深遠，也可能助長了體制性性別歧視。

因此地理特徵是推動文化、體制和生產力演進的**終極力量**。它們是影響推動人類旅程的巨輪的深層因素，以致加速及延後某些地方成長。地理特徵結合文化和體制特徵，共同促成工業革命技術大爆發的時機和地點，最終促成人口大轉型的開展。地理特徵透露出今日各國財富差距的某些根源，我們從中也許可以找到如何解決的線索。

可是它們也帶來難題。要是地理的影響力如此根深柢固，要是歐洲或許注定要成為工業革命主導者，那為什麼歐洲，尤其是西歐、北歐，在人類歷史上多半是經濟相對落後地區？換句話說，為什麼最早的主要文明未出現於歐洲，而是在美索不達米亞？為解答這些關鍵問題，必須在歷史旅途上再往後退，以探究地理如何影響很久以前的新石器革命。

| 第十一章 |

農業革命傳奇

以色列北部加利利海（Sea of Galilee，譯注：是內陸淡水湖）的水平面，經過數年乾旱，在一九八九年大幅下降，露出二萬三千年前一個小村落的遺址。考古學家發現六間相對保存完整的茅屋遺跡，還有燧石、骨頭與木製工具、有孔小珠、人類骸骨。乍看之下，這好像是典型的狩獵採集人口聚落，與世界其他地方的發現相似。可是考古學家再向下挖時，發現技術先進程度令人驚訝的證據，像是收成穀物用的鐮刀和壓碎穀物的石磨，過去出土的類似工具都來自晚很多的時期。最不尋常的發現是最早的小規模作物栽培遺跡。在「奧哈洛二號」（Ohalo II）遺址發現的證據指出，這村落的居民播種和收成小麥大麥很長一段時間，比公認的新石器革命及人類轉向農業的開端還要早約一萬一千年。❶

這村落似乎是幾代後被燒毀放棄，不過它所在的整個地區技術領先數千年。事實上，大面積農業最早的證據來自鄰近的遺址，如約旦河谷的耶利哥丘和大馬士革附近的阿斯沃丘。

正如英國在工業革命後技術獨占鰲頭，較早發展農業的文明也在

新石器革命後的數千年裡領先世界各地。由於農業技術水準較為先進可以容納更多、更稠密的人口，人口再助長技術發展，於是出現人類最早的文明。

新石器革命為什麼最早發生在這一帶，而不是別的地方？其影響又為什麼如此持久？

新石器革命起源及影響

戴蒙曾提出強有力的論點，把全球不均衡的發展連結到農業革命開始的時間。他特別對過往地球上最強大的文明為什麼興起於歐亞大陸，而非撒哈拉以南非洲、美洲或大洋洲，提出值得玩味的解析。❷

戴蒙把新石器革命較早出現於歐亞大陸，歸因於生物多樣化及這二大洲的地理走向。他明確指出，農業革命在近一萬二千年前最早發生於肥沃月彎，是由於當地富於各種被馴化的動植物。地球上的大種子野生穀類，有不少是這裡的人類最早種植。人類農業的奠基作物包含小麥、大麥、亞麻、鷹嘴豆、扁豆、豌豆，還有果樹，加上綿羊、山羊、豬等動物的確也是在這片肥沃地帶最早被馴化。而歐亞大陸其他地區的生物多樣性曾促成東南亞農業在約一萬年前獨立出現。

在世上其他地方曾有無數人努力試著種植和馴養野生動植物，但是當地生物對適應的生物抗力，阻礙或延後了農業革命過程。肥沃月彎的野生穀物以自花授粉散布，富含蛋白質又適於長期儲存，所以很具吸引力，且較易於馴化。反之，玉米的遠祖是一種迥然不同的野生

植物，名為類蜀黍（teosinte），生長於中美洲，需要漫長的選擇育種過程，才能獲得必要的基本物理變化。因此，中美洲居民馴化玉米比肥沃月彎馴化小麥大麥要晚了數千年。類似的困難也阻礙其他作物及樹木的馴化，到現代依舊如此，橡樹便是例子；橡子是美洲原住民重要的糧食來源，他們開發了去除橡子帶苦味的單寧酸的方法。

　　可供馴化的動物更有限，並且各洲之間差異很大。到農業革命時期，非洲和歐亞大陸的動物已與不同的原始人種共同生活數百萬年，牠們不斷適應越來越精進的狩獵策略。可是人類到很晚的發展階段才來到大洋洲和美洲，當地大型獵物沒有足夠時間適應人類精進的狩獵策略。於是在第一批狩獵採集人到達後，大型哺乳類很快就絕種，未能存活到人類社會開始馴化野生動物的時代。

　　戴蒙也把歐亞大陸較早進入農業時代歸因於第二個地理因素，即本書第一章曾提過的歐亞大陸的東西走向。由於歐亞大陸主要是沿東西水平軸擴展，許多大片區域是位於差不多的緯度，氣候條件也大同小異，這在農業革命期間使動植物和農耕技法可以廣為傳播。新農業技術和剛馴化的穀物可以傳得又快又廣，不致遭遇重大地理障礙。反之，非洲美洲的大塊土地主要是南北走向。儘管中美洲及非洲某些區域較早轉向農業，但是可馴化作物和農耕技法遭遇到氣候和土壤的重大差異，還有像撒哈拉沙漠、中美洲熱帶雨林等地理障礙，所以傳播較慢。

　　由於農業技術及馴化動植物的傳播較快，歐亞大陸各個文明在技術上大幅領先。一旦領先，這些文明就更有優勢了。灌溉和耕種法上

的技術創新提高農業產量，產量多使人口更稠密。人口密度高有助於專業化，例如整個家族或社群將全部心力用於種植特定作物，因為可以與種植不同莊稼的鄰居交換產品。這種分工促進發展更有效率的生產法，也促使不生產糧食的階級出現，激勵人們創造知識，並把技術再向上提升。一項進步接著一項，肥沃月灣的各個文明陸續建立起世上最早的城市和建築奇蹟；加工製作青銅器，後來是鐵器；並發展出書寫系統。那些文明也設計增進成長的體制，推動產權和法治概念，支持有效運用資源，帶動技術更向前進。❸

前進之路常遭遇強勁的逆風。人口密度高，馴化的動植物增加，在在使人類更易於接觸到病毒和細菌。史上一些最嚴重的疾病：天花、瘧疾、麻疹、霍亂、肺炎、流感，主要原本都在動物身上，到農牧社會其變種傳給人類。短期內這些疾病會引發瘟疫，死亡率甚高。不過長期來看，較早經歷新石器革命的人口對這些傳染病產生較強的免疫力。❹ 當他們移往疾病環境惡劣的城鎮，以及接觸很晚才轉向農業的人口，或與那些人發生衝突時，這種對疾病的適應力給予他們很大的優勢。

在人類戰爭史上，勝利方往往是帶有最毒的病原體。十六世紀西班牙攻擊美洲最強大的二個帝國：在現今墨西哥的阿茲特克，及現今秘魯一帶的印加。西班牙人上岸時帶來天花、流感、斑疹傷寒、麻疹，這些從不曾到過美洲的疾病殺死無數阿茲特克人，可能包括其倒數第二任國王奎特拉瓦克（Cuitláhuac）。埃爾南·科爾特斯（Hernán Cortés）帶領的征服軍有自身免疫系統為防護，又挾帶優勢

技術，才能夠讓中美洲最強大的帝國投降。

　　侵略者帶進來的微生物往往散播得比人更快；西班牙人尚未涉足安地斯山，印加人口已被消滅。據大多數記載，一五二四年印加皇帝瓦伊納・卡帕克（Huayna Capac）因感染天花或麻疹而倒下，其帝國備受打擊，隨後其子嗣間的皇位繼承戰，促成一小支武器占優勢的西班牙軍隊在法蘭西斯克・皮澤洛（Francisco Pizarro）領導下，征服了印加帝國。在北美、太平洋諸島、非洲南部及澳洲，第一批歐洲人停泊於此，又打噴嚏，散播隨他們自歐洲飄洋過海來的細菌後，大批大批的原住民同樣很快被消滅殆盡。

　　各大洲的早期農業文明，通常藉著人口較多、技術力量較強，將狩獵採集原住民趕到偏遠角落，或是摧毀（或整合）其他原住民。❺在兩方遭遇時，有些狩獵採集族接受了農耕，較自然地改變維生方式。❻事實上，當歐洲人到達中南美洲海岸時，當地有部分人口已在數千年前轉為農業。可是還是晚了許久。歐洲人開始農耕在先，形成巨大的技術鴻溝，當地人的武器無法與歐洲人抗衡，也沒有防止本身文明被摧毀的手段。

　　歐洲人征服美洲，或許是較早採行農業的文明在向外擴張最顯著的例子。當然還有早很多的例子，包括八、九千年前新石器農民跨進歐陸。在新石器革命肇始於肥沃月彎後，史前農民便在尼羅河、幼發拉底河、底格里斯河周遭建立大規模聚落，驅趕原居於此的遊牧部落。當農民的優勢增加，他們開始移出安納托利亞（在今日土耳其）進到歐洲，迫使某些狩獵採集部落出走，某些部落則轉型為農業社

會。有趣的是，儘管從此陸續有人類移入和移出歐洲，可是現代歐洲人的祖先裡，這些安納托利亞農民占有重要成分。❼

東亞的新石器革命在一萬年前始於中國北部。當農民湧向南方，語言證據顯示，他們也曾趕走阻住去路的大部分狩獵採集部族，以及新石器革命較晚、較不發達的農業社會。近六千年前，中國東南部有農民外移，定居於台灣。據大多數記載，這些移民及其後裔是南島語族人（Austronesians），曾運用其航海技術航向菲律賓和印尼的島嶼，後來更越過無垠的海洋，向東到達夏威夷和復活島，向南紐西蘭，向西馬達加斯加。在南島語族屠殺下倖存的原住民，通常被遷至已採行大面積農業的地區，或是因地形而無法耕作的地區。南島語族在若干島嶼曾嚴重傷害當地生態，以致無法再從事農耕，被迫回復到漁獵採集。❽

在撒哈拉以南的非洲，班圖族（Bantu）農民早在五千年前，便由其原始故鄉（在今日奈及利亞與喀麥隆接壤地帶）向外擴張。**班圖擴張**（Bantu Expansion）運用人數優勢及鐵器，驅離並融合在地狩獵採集部落，如俾格米族（Pygmies）和科伊桑族（Khoisan），這些人被趕到勉強求存的區域，主要都是不適於班圖人仰賴的作物種類種植之處。❾

有將近一萬年，幾乎每個地方和每一時期都重複著這相同模式。較早開始新石器革命的農牧民社會，向外擴張，並驅趕原住當地的狩獵採集部落以及較晚農業轉型的其他文化。不過轉型為定居式農業，雖是興起技術先進的文明的必要條件，歷史卻顯示，它並非充分條

件。例如，新幾內亞島民與尼羅河三角洲埃及人，約在同一時期發展出農業。古埃及成為世上最早的帝國之一，由結構完整的政治階層統治，可是新幾內亞農業生產力增加，卻導致島上高地人口分裂，部族交戰時起，權力集中程度無法超越部族層級。❿

　　如何解釋這令人困惑的模式？可能的原因同樣還是地理，特別是不同地區的原生作物種類。

創造文明的穀物

　　在剛轉型為農業後，大部分社會仍維持原本盛行的基本部落架構。在人數頂多數百人的社會，人人幾乎都彼此認識，也多半有親戚關係。這種社會規模小而團結，易於合作及排解爭端。通常每個社會由一位具影響力的部落領袖領導，他執行一套基本規範並管理需要團結的公共活動。領導地位通常是基於功績（merit-based），而非世襲，所以很少出現部落貴族階級。部落不會大規模徵稅，所以通常不會興建重大公共基礎建設，像是灌溉運河、防禦工事或廟宇，也不容許部落成員不以某種方式貢獻於農牧活動。

　　可是當人口變得密集，往往就會出現新結構。通常農業社會政治發展的下一階段是成為酋邦（chiefdom），其由若干村落或群體組成，受地位最高的酋長統治。⓫酋邦最早出現於肥沃月彎。隨著當地社會規模擴大，個人經常與親族以外的人合作，變得十分重要。為促進全體合作，這些較複雜的社會具有以下特徵：往往是延續性政治領

導（常屬於世襲）、社會階級化、集中式決策。當財富、權威、地位
的差距拉大，就產生階級之分，和世襲貴族組成的統治階級，他們的
利益繫於維持社會階級和財富分配不均。維持及加強這些地位差別，
要靠多屬宗教性質的文化規範、信念和習俗。這種層級社會多半會課
徵稅捐，以養活菁英階層，並提供興建基礎建設的經費。

　　自從酋邦出現以來，殘暴與親民政權的差別主要取決於如何運用
稅收。暴君通常橫征暴斂以為己用，對護衛本身地位和延續不平等不
遺餘力，富裕的僅限於少數菁英。較愛民的統治者把稅收用於提供公
共服務，像是灌溉、基礎建設、防禦工事、抵抗盜賊和侵略者。可是
不論明君或暴君，其存在的必要條件都是要有徵稅能力。不能徵稅，
很難建立數千人以上的政體。

　　在發展的農業階段，通常使用作物繳稅。因此收稅的可行性和
效率要視當地盛行什麼作物、運送和儲存是否便利，[12] 以及能否衡量
收成多寡而定。[13] 在較進步的古代文明，農業主要以穀物為主，而非
樹薯、馬鈴薯、甘薯等根莖類。這實非偶然。為穀物秤重、運送、儲
存容易得多，所以方便徵稅。[14] 事實上歷史證據顯示，土壤適合栽種
穀物的地區，較可能產生複雜的層級式社會。反之，收成根莖類的地
區，社會組織較簡單，與牧羊人和遊牧民族的社會類似。[15] 當地統治
者需要花很大的力氣課稅，而且即使較早經歷新石器革命的地區也並
未發展出層級較發達的社會，如城邦、國家、帝國。

　　結構分明的政體有經費能夠建立軍隊、提供公用服務、實施法
治、投資人力資本、執行商業契約，這些都有助於技術進步和經濟成

長。於是土壤適於種植穀物或根莖類，對形成國家、創造知識、技術進步的影響，特別具有意義，也因此影響到人類歷史巨輪轉動的速度。

可是假設生物多樣性和作物種類促成農業轉型和技術領先，確實是今日全球不平等的終極原因之一，那為什麼享有這些地理條件，得以較早發生新石器革命和形成國家的許多地方，在當代卻相對貧窮（圖 18）？

新石器革命和早期人類文明的搖籃：肥沃月彎，並未居於當今經濟繁榮的尖端。中印的人均所得低於新石器革命晚了數千年的日韓。

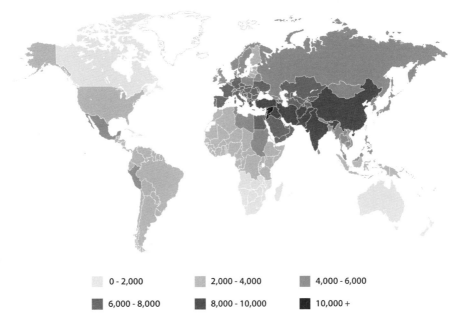

| ⬜ 0 - 2,000 | ⬜ 2,000 - 4,000 | ⬛ 4,000 - 6,000 |
| ⬛ 6,000 - 8,000 | ⬛ 8,000 - 10,000 | ⬛ 10,000 + |

圖 18　全球各地新石器革命開端距今年數 ⓰

土耳其和東南歐，儘管新石器革命早了數千年，現在卻比英國和北歐國家貧窮。

他們是如何喪失領先優勢的？

讓出領先優勢

千百年來，世上先發生新石器革命，又享有穀物易課稅優點的地方，確實人口密度較高，技術較進步。[17] 然而經驗證據顯示，發生新石器革命的時間固然對前工業時期的生產力影響很大，可是這種影響自一五〇〇年起逐漸消散，對當代人均所得影響已很有限。[18] 亦即，隨時光流逝，農業開始得早的優勢逐漸減弱，已無法用來解釋今日各國的財富不均。為什麼那些有利的影響在過去五百年間慢慢消失？這段期間發生了什麼變化？

新石器革命開始得早的地方享有二大好處：農業生產力提高，技術搶先發展，使這些先發地區占有全球經濟發展的鰲頭。不過到十六世紀初，創新活動由鄉村轉向都市環境，農業部門即耕牧的經濟重要性開始逐漸下降，人力資本密集、以技術為本的都會產業日益興盛。於是，新石器革命起步得早，卻開始產生相衝突的效應。一方面技術曾拔得頭籌，繼續刺激著鄉村與都市產業的發展；另一方面農業具相對優勢，卻使社會特別專注於這一領域，而延緩都市化以及隨之而來的技術突飛猛進，耽誤人力資本形成與展開人口轉型。

隨著都市對發展新技術的重要性日益增加，比較優勢對生產農

產品的負面效應越來越多，使較早展開新石器革命的技術優勢逐漸消失。何況當都市與海洋國家發展出更能促進全球貿易的技術和金融工具，殖民時代又在此時開始，農業專業化的不利影響不減反增，以往的領先再遭蠶食。❿

到最後，原本領先的技術被農業專業化的相對**劣勢**抵消，因此新石器革命開始的時間對現代經濟發展的影響有限。這方面的時間先後，固然對理解全球發展過程的歷史差異很重要，不過還有其他力量，對解開今日不平等之謎也很關鍵。

地理掌控發展

有些學者把歐洲技術崛起歸因於在人類歷史的**關鍵時刻**：體制和文化發生變化時，譬如黑死病、羅馬帝國垮台，或啟蒙時代之後的轉變。⓴ 他們認為這些轉變是現代財富不均的根源，而企圖找出更深的地理因素，是由後見之明所驅使。

突如其來的體制與文化變動，追溯不到更深的源頭，這無疑曾左右社會的發展，南北韓近數十年的分裂便是一例。巧合或意外的發展確實可能使印刷機晚了數百年才發明，促使中國帝國海軍至美洲探險，在荷蘭引發工業革命而非英國，或阻止日本十九世紀的明治維新。

然而，突發的體制和文化變動雖會影響數十年、數百年的成長過程，卻不太可能是推動人類整體旅程的核心力量，或主宰各國財富差

異的終極因素。那些變化在我們想像中，也許顯得很劇烈，或是波及範圍很大，不過從數千年、數萬年或數十萬年的角度來看，它們多半相當溫和，主要都是一時、局部的。

有利於發展的突發文化或體制變動，單只是出現僅屬次要，其散播能力及經得起時間考驗才是重點，有鑑於此，這類變動與地理力量的交互作用十分關鍵。地理碎片化是否加速「歐洲崛起」的文化和體制因素得以出現並持久，即政治競爭和文化流動是地理碎片化所促成。或是由當地高產量的作物激勵前瞻心態和長期投資；或是有其他因素，總之現今不平等的主要來源，實非歷史意外所造成。不過體制與文化的演進，加上新石器革命，依舊是整體發展過程的**步調**，及各國各地區發展模式有別的關鍵決定性因素。

不可否認，在新石器革命之初，人們料想不到波斯與希臘會爆發戰爭，可是以當地可馴化的動植物種類繁多，可以預見東地中海易於形成稠密人口；最後將出現進步的文明；這些社會間有可能發生衝突，應當都在預料之中。早期文明出現在肥沃月彎絕非偶然；偶發事件不可能在撒哈拉沙漠的心臟地帶產生重要的古文明，並延續下來。

不過這並不表示，各地區人類旅程的樣貌完全是地理及地理與體制、文化特徵交互作用所造成。另有一種影響經濟發展的根本力量——人類多樣性。雖然地理對比較發展的作用把我們帶回一萬二千年前新石器革命肇始時，探討人口密度的作用則會讓我們再向前追溯好幾萬年，來到一切的開端——人類自非洲出走。

| 第十二章 |

遠離非洲

　　二十世紀前半，當歐洲響起隆隆砲聲，美國卻經歷有史以來最大的內部移民潮之一。此次大遷徙（Great Migration）期間，有六百萬非裔美國人，向美國南方貧窮村落道別，移居到迅速擴展的都市裡，其中有些在南方，但是大部分在北方、中西部和西部。他們為逃離南方的壓迫，也為追求越來越多的工業就業機會，尤其是武器工廠；在兩次世界大戰期間，美國的戰爭機器靠這些工廠提供武器。在非裔忍受了三百多年奴役、歧視帶來的恐懼、羞辱，這波移民潮使非裔與其都市鄰居：歐裔美國人，互動大為增加。

　　非裔歐裔的整合，備受偏見、種族歧視和不平等所害，有人會說它因此失敗，那些現象至今有很多仍未消失。不過從此次族群與傳統的融合中，產生出二十世紀文化，最有異國風情的發展之一：搖滾樂。美國作家兼樂評家羅伯・帕莫（Robert Palmer）認為：「搖滾樂是跨越南部西南部種族隔離，進行社會及音樂互動的必然產物。」❶

　　儘管搖滾樂確切的起源至今仍無定論，它有別於其他流行音樂風格的特色，又是從哪裡來，也是眾說紛紜，不過大致無爭議的是，

跨文化接觸即使並非唯一，也是其背後的關鍵動力之一。非裔和歐裔美國人結合多種樂器，及多元化節拍、音階、合奏傳統，引爆一場世間罕見的文化大爆發。儘管當時美國種族歧視盛行，年輕白人卻傾心於非裔樂手，如胖子多明諾（Fats Domino）和查克‧貝里（Chuck Berry），及白人歌手如貓王（Elvis Presley）等的嗓音。

　　搖滾樂的誕生，與巴西森巴舞、古巴頌樂（son cubano），同樣是多元化（多樣性）最後可激勵文化、技術、經濟進步的活生生例證。科普作家麥特‧瑞德里（Matt Ridley）在其著作《世界，沒你想的那麼糟》（The Rational Optimist）中說，「當想法發生性關係時」，就會促進技術進展。❷思想交配如同生物繁殖，也是對象越多越好，因為多元化增強，不同文化激盪得出成果的可能性。要是歐裔與非裔美國樂手的周遭都是以類似樂器、演奏類似旋律的人，那他們必然只會推展本身音樂傳統，創造全新音樂類型的可能性較低。然而這二種音樂傳統強烈互動，激發出截然不同的新產物。

　　在多元化（多樣性）的創意效應中，搖滾樂或許是聲浪最響亮、擺動臀部最多的例子，可是還有無數其他的實例。在多元化社會裡，不同族裔、文化、國籍和地理背景，更別說不同年齡、學科訓練和個性類型的個人，彼此協力和交互施肥的果實，催生出從料理、時尚、文學、藝術、哲學的新類型，以至於科學、醫學、技術的突破。

　　不過多元化更經常引發嚴重糾紛，激起暴力衝突。儘管有些非裔和歐裔美國人彼此激勵產生新的音樂融合，可是一九四三年六月，白種與非裔年輕人在底特律某公園起摩擦，卻惡化為全市暴動。接連三

天，數千名年輕人跨過障礙物彼此鬥毆，直到羅斯福總統派出六千人聯邦部隊，在底特律實施宵禁。此次社會動亂中，有三十四人死亡，其中二十五人是黑人，傷者超過四百人。同一年在紐約市，因警官射殺非裔士兵羅伯‧班迪（Robert Bandy），全市陷入混亂；在洛杉磯，因歐裔美國人出於種族動機，攻擊墨西哥移民，隨之也發生街頭暴動。

　　自美國立國以來，族裔和種族衝突一再發生。不同祖國的移民、新移民與舊移民、不同教派如新教徒與天主教徒，彼此暴力衝突，已經是美國實驗一個接連不斷、破壞力強的特徵，全球許多其他社會亦復如此。

　　正如美國經驗的例子，社會多元化可能激起對立的勢力，對發展有相矛盾的影響。一方面它可以刺激文化交流，增進創意，鼓舞對新想法態度開放，這些都有助於技術進步。另一方面，多元化有可能削弱信賴度，挑起衝突，妨礙或侵蝕社會團結，而適度投資公共服務如教育、醫療，需要社會齊心。因此社會變得更多元，對經濟繁榮或許會有正反面的影響：增進創造力，但降低凝聚力。

　　這類對經濟影響有好有壞的證據其實很多。例如一般認為，移民對生產力和薪資有正面影響；❸ 經營團隊族裔較多元的公司，往往創新和獲利都較佳；❹ 學校多元化，各類學生日後的社經成就也較好。❺ 然而研究也發現，與族裔派系化成正相關的有政治不穩定、社會衝突、地下經濟規模、對教育及基礎建設投資不足、缺乏防止破壞環境的必要合作等。多文化社會必須投入許多心力與資源，去促進忍讓和

共存，才能減少或避免這些後果。❻ 尤其是地球上最多元、部族派系最多的地區：撒哈拉以南非洲。當地一直遭遇成長阻礙，有部分被歸咎於部族太多不利於社會團結，這可見於部族衝突激烈，教育、醫療、基礎設施供應不足。❼

　　由於多元化既能刺激、也會妨礙生產力，所以若不採取措施，緩減社會高度多元化對團結的負面影響，則多元化較低或較高都可能降低經濟繁榮，而中等多元化水準或許可促進經濟繁榮。尤其只要提升多元化對創新力的有利影響，（隨社會更多元）逐漸降低，而同質化提高對社會團結的益處，（隨社會更一致）逐漸減少，那中等多元化將對經濟發展有利。

　　為探討這些相衝突的力量對人類旅程曾造成什麼影響，我們需要先找出世界各地的人們產生差異、變得多元的原因，這就得回到最早的源頭：數萬年前智人走出非洲。

人類如何變得多元

　　自從三十萬年前智人在非洲現身，多元化便幫助人類適應非洲各地不同的環境。這期間大部分時候，適應成功漸漸產生更好的獵人和採集者，使食物供給增加，人口明顯上升。之後每個人可享有的生存空間和自然資源減少，早在六萬至九萬年前的某個時間，智人開始大規模出走非洲大陸，尋找更多肥沃的生存土地。由於這種外移過程有連續性，便自然產生一種相關：定居的地方離非洲越遠，人口多元化

就越低。智人離開非洲越遠，其社會的文化、語言、行為、體格多元化程度就越低。

　　這種現象反映著**連續始祖效應**（serial founder effect）。❽假設有個島上，住著五種主要品種的鸚鵡：藍、黃、黑、綠、紅，牠們在島上適應存活的能力相當。當颱風來襲，有幾隻鸚鵡被吹到很遠的荒漠小島。這一子群鸚鵡不太可能涵蓋所有五個品種。假定牠們以紅、黃、藍居多，不久滿布新島上的幼雛將遺傳牠們的毛色。於是新島上形成的鸚鵡群就不及原棲息地的多樣化。要是後來又有很小一群鸚鵡，從第二島移往第三島，這一群的多樣化更不及前二島。所以只要鸚鵡從母島移出的速度快過原島上可能產生突變的速度，則牠們（相繼）移得越遠，就越不多樣。

　　人類移出非洲也是類似模式。起先有一群人離開非洲，定居在附近肥沃地帶，他們只帶走非洲母體人口多樣化的一部分。等這群最早的移民成長到新環境無法支撐他們再擴大，便會有一群人離開，去尋找別的處女地，定居在更遠的地方，其多元化將更低。人類向非洲以外散布，以致各洲都有人類蹤跡的這段期間，同樣的過程一再重複：人口增加，新群體再移出，去追尋更綠的草地，但多樣化僅及母體人口的一部分。儘管有移民改變方向，這顯而易見，不過這種移居模式的影響是，離開非洲來到西亞的人群不像原本在非洲的人口那樣多樣化，其後代又繼續向東移往中亞，最後來到大洋洲和美洲，或是向西北移往歐洲，多其樣性也越來越比不上留在原地的人。

　　解剖學上的現代人類，從非洲的搖籃向外擴張，為世界各地文

化、語言、行為、形體多元化的程度不同，刻下深刻且不可磨滅的印
記（圖 19）。❾

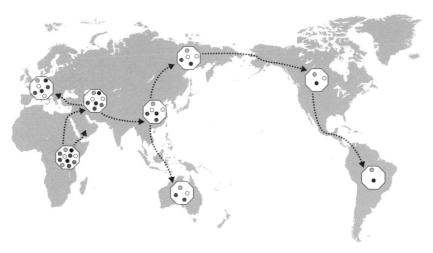

圖 19　人類移出非洲對多元化的影響

虛線箭頭代表移出的大約路徑，小圓圈代表一種假設的社會特質有各種變異。
每向外移一次，離開的人只帶走母體人口多元化的一部分。

　　這種與非洲離得越遠、人口**整體**多元程度就降低，部分反映在較
遠的在地民族基因較不多樣化上。根據對二百六十七種不同人口做基
因多元化的比較測量，這些人口大都可找出原屬的本土族群和地理上
的發源地。❿ 結果很明顯，距東非最近的本土族群基因最多樣化。多
樣化最低的是中南美洲的本土族群，他們從陸路移出非洲的距離最長
（圖 20）。多元化與移出東非的距離成負相關，這種模式不僅出現
在各大洲之間，在**各洲內部**也是如此。

　　體質與認知人類學領域提供更多這種證據。研究人體體型的

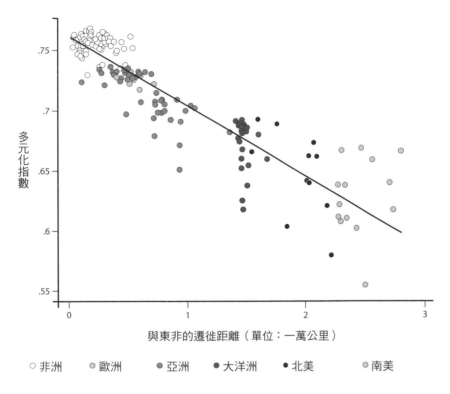

圖 20　自東非移出距離與地理上本土族群多元化 **❶❶**

特徵，比方與牙齒特徵、骨盆特徵、產道形狀相關的骨骼架構，以及研究文化特徵，例如不同語言的基本詞語單位（「音素」〔phonemes〕），都證實有源自東非的連續始祖效應存在；同樣是距東非越遠，體形和文化特徵的多樣化越低。**❶❷**

　　人口多元化表現的形式是多方面的，若要適當探究整體多元化程度對國家經濟繁榮的影響，當然需要比基因學家和人類學家所提供的更廣泛許多的測量標準。此外，這標準也需要獨立於經濟發展的程度

之外，以便用於評估多元化對國家財富的**因果**效應。這會是什麼樣的
測量標準呢？

測量多元化

　　測量人口多元化慣用的標準，往往只擷取人口中族裔或語言群體
的比例代表。❸ 這類標準因此有二大缺點；一是某些族裔和語言群體
的關係較密切。由等比例丹麥人和瑞典人組成的社會，或許不如由等
比例丹麥人和日本人組成的社會那麼多元。另一缺點是，族裔和語言
群體的內部也不盡然完全同質。全由日本人組成的國家與全由丹麥人
組成的國家，多元化程度不見得相同。事實上，族裔團體**內在**的多樣
性通常比不同群體**間**的多樣性要大上十倍。❹

　　因此要全面測量一國人口的整體多元化，至少應當再多加二個多
元化的面向。一是族裔或次民族群體**內在**的多元化，如美國的愛爾蘭
裔和蘇格蘭裔人口。其次是比對任一組族裔或次民族群體之間的多元
化程度，例如，比起美國的愛爾蘭裔和墨西哥裔人口，愛爾蘭裔和蘇
格蘭裔的文化較為相近。

　　鑑於移出東非的距離與可觀察特質的多元化之間存在緊密的負
相關，這個**遷徙距離**可用於代表地球上每個地方的歷史多元化程度。
我們依據各地人口的祖先與遷徙出非洲的距離有多遠，可以建構**推算**
今日各國人口整體多元化的指數，列入考量的包括 (1) 國內各次群體
的祖先人數多寡；(2) 依據**各次群體**的祖先走出東非時遷徙的距離，

來推測其多元化；(3) 每一次群體配對後，由兩方祖先和地理發源地的遷徙距離來推算多元化程度。

這樣用統計學測量來推算多元化水準有二大優點。一是史前遠離非洲有多遠，顯然完全與當今的經濟繁榮水準無關，所以這種測量法可用於估計多元化對生活水準的**因果**效應。其次是如上文所強調，有越來越多體質與認知人類學領域的證據顯示，遠離非洲的遷徙距離深深影響到許多表現在身體及行為上的特質的多元化；所以我們有把握，用這種測量法推算的多元化類別會產生社會結果。要是用這種指數測量多元化不精準（採隨機方式進行），原因比方說是未能適當考量各洲的內部移民，則根據統計學理論，我們多半會因此否定、而非確認多元化影響經濟繁榮的假設。也就是說，如果我們犯錯，是因為過於謹慎。

最後很重要的一點是，我們是針對個別社會的特徵測量多元化。這測量的是某一**社會**的人口特質有多少不同種類，無論這些特質是什麼，或是不同社會間有什麼差別。因此它不會、也不能用於暗示某些特質比別的特質對經濟成功更有利。反而它可以掌握到某個社會的人口特質**多元化**，對經濟繁榮有何潛在影響。事實上，把地理與歷史干擾因子納入考量，遠離非洲的遷徙距離本身似乎**並未**影響全球各地如身高體重等特徵的平均水準。它主要是影響群體中的個人與平均水準的差異。

有了這強有力的測量法可測定每一群人口的整體多樣性，我們終於可以探究數萬年前遠離非洲的大出走，以及它對人類多元化的影

響，是否如此源遠流長，以致居然還能左右當前的全球生活水準。

多元化與繁榮

　　在歷史的長河中，生活條件確實受到多元化程度很大的影響，因此也受到智人移出非洲很大的影響。❺ 各國或各族裔的**祖先**人類自東非的搖籃向外遷徙，距離的遠近對開發結果產生「單峰形」持續影響，這反映著多元化對整個社會的生產力有好處也有壞處，必須做基本的取捨。

　　多元化對經濟生產力的「單峰」效應，無論表現在過往的人口密度或都市化比例，或是當前人均所得水準或夜間燈光強度（以衛星影像為準），在國家（圖 21）和族裔（圖 22）之間都很明顯而一致。再者這種單峰模式，自新石器革命以來，一萬二千年裡性質都未改變。因此，要是缺乏政策來減輕異質性國家的多元化成本，或提高同質性國家的多元化水準，那**中**等程度的多元化最有利於經濟繁榮。

　　事實上，唯有遠祖移出非洲的距離所產生的影響，才會出現這種單峰效應。與智人出走非洲及人類多元化無關的其他距離，不會產生類似的單峰模式。尤其以相對於移居的距離而言，東非的空中距離與經濟繁榮不相關，這一點很確定，因為史前人類是用雙腳，不是搭飛機遠離非洲。再說「貌似發源地」（placebo origins，即地球上顯然非智人出現地的其他要地）如倫敦、東京或墨西哥市的遷徙距離對經濟繁榮沒有任何影響。這種單峰效應關係也並非因為地理上接近遠古的

技術重鎮，如肥沃月彎。

對這種有趣的結果：社會多元化確實對經濟福祉會產生相衝突的效應，有人曾提出其形成的機制，並獲得不同證據的支持。證據顯示，一方面，多元化擴大個人在社會互動時所接觸的價值、信念和偏好光譜，會減少人際信任，侵蝕社會內聚力，增加內部衝突，造成公共服務效率不彰，因此對經濟表現有負面作用。[16] 另一方面，社會更多元可以拓展個人特質光譜，例如解決問題的技能和方式，進而促成專精化；可以在創新活動中刺激思想激盪交流；也可以加速適應多變的技術環境，這些都對經濟發展有利。[17]

不過多元化對經濟繁榮最有利的「甜蜜點」水準，在過去數百年已經上升。這種模式符合以下學說：當我們處於先進的開發階段，其特徵就是技術環境日新月異，此時多元化的優點日益顯著。[18] 隨著多元化對發展過程越來越重要，有關中國和歐洲的命運翻轉原因有了新的認識。一五〇〇年時，對發展最有利的多元化程度，正存在於中、日、韓這類國家。顯然它們相對的同質性對社會內聚力的好處，多過抑制創新，這在一五〇〇年前的時代十分理想，當時技術進步緩慢，所以多元化的優點有限。事實上，中國在前工業時期的確十分繁榮。可是當技術在隨後五百年加速前進，中國的同質性較高，似乎延後它進入現代經濟成長時代，使經濟主宰地位轉向先歐洲、再北美的較多元化社會。目前對當代經濟發展最有利的多元化程度，較接近美國現在的多元化水準。[19]

人口多元化當然只是影響經濟命運的因素之一，接近人口多元

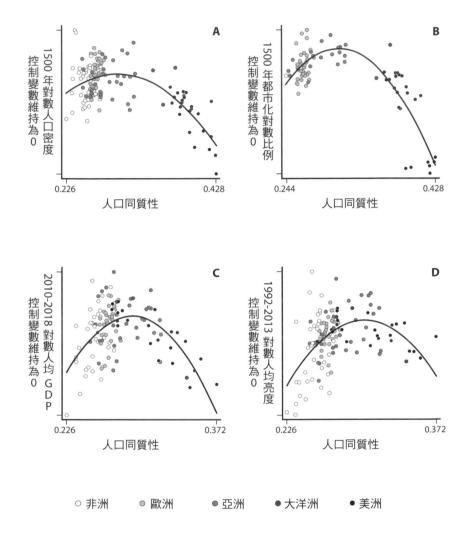

○ 非洲   ◐ 歐洲   ◑ 亞洲   ● 大洋洲   • 美洲

圖 21   人口多元化影響各國經濟發展：過去與現在 [20]
上二小圖顯示 1500 年時，推算人口同質性對經濟發展的影響，
反映於人口密度（小圖 A）或都市化比例（小圖 B）。
下二小圖顯示，古代同質性經調整後，推算對當代經濟發展的影響，
反映於 2010-18 年的人均所得（小圖 C），或 1992-2013 年的人均亮度（小圖 D）

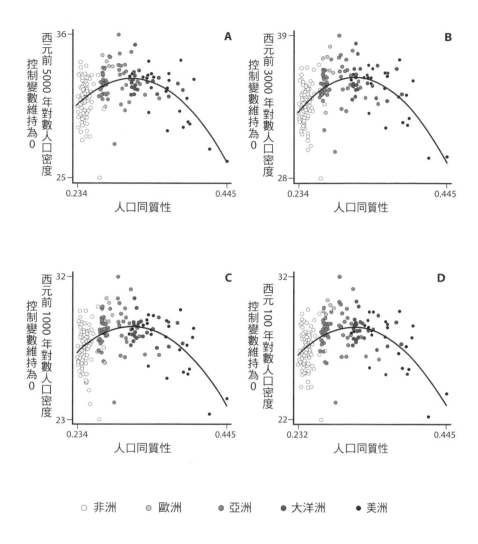

圖 22　人口多元化影響各族裔經濟發展 ㉑

本圖顯示，觀察各地原住族裔的人口同質性，以移出非洲的距離推算，

對長期歷史經濟發展有何影響，反映於西元前 5000 年（小圖 A）

西元前 3000 年（小圖 B）、西元前 1000 年（小圖 C）、西元 100 年（小圖 D）。

化「甜蜜點」並不保證就會繁榮。不過在地理、體制、文化特性等方面，多元化依舊對國家、地區、族裔的經濟發展影響很大，與過去並無二致。❷ 在智人最早走出非洲，至今已過去的漫長歲月裡，多元化的影響顯得格外重要，也可以量化。各國繁榮度有所差別，如反映於二〇一〇至一八年的平均人均所得，其無法解釋之處，約有四分之一可歸因於社會多元化。用相同方法加以比較，地理氣候特性約可解釋五分之二的差異，疾病環境七分之一，族裔文化因素五分之一，政治體制約十分之一。❷

　　儘管人口多元化對經濟繁榮是如此強大的決定性因素，各國的命運卻並非無法翻身。恰恰相反：只要了解多元化力量的本質，就能設計適當政策，加強多元化的好處，減少壞處。以人口最不多元的國家之一玻利維亞為例，如果願意促進文化多樣性，其人均所得可增加多達五倍。反之世上最多元的國家之一衣索匹亞，若採取加強社會團結及容忍差異的政策，其目前的人均所得可以倍增。❷

　　擴大來看，透過教育政策可以達成可觀的成就，只須把目標放在盡量善用既有的多元化水準，對高多元化社會設法促進容忍及尊重差異，對高同質化社會則鼓勵開放接納新思想，當懷疑處則懷疑，願意挑戰現狀。凡是成功增進多樣性、容忍度和尊重差異的措施，都會加倍提升有利於全國生產力的多元化水準。鑑於未來數十年技術進步的步伐將更快，凡是能夠促進團結、減少多元化代價的社會，享有多元化的優勢只會越來越多。

過往對當前的箝制

　　人口多元化對經濟發展的影響可能是最鮮明的例證，說明現代各國的財富差異是如何深植於源自遠古的複雜因素。其實在移民人口多的已開發世界的都會區讀者，或許會感到詫異，地球上各大區塊的人口多元化分布居然可以延續如此之久。現代國與國的體制和文化差別已經減少，因為開發中國家多傾向於採用占優勢的已開發國家政經體制，個人也想仿效有益的文化規範。一些地理的負面影響如像是有流行病或沒有出海口，同樣因為技術進步而減輕。然而，大都由於個人對家鄉及在地文化懷有依戀之情，加以國際移民要面對的法律障礙，反而使現代某些地區的人口多元化變化速度慢了許多。

　　於是在缺少適當的教育、體制或文化誘因下，高多元化社會可能難以達成經濟繁榮所需要的那種信任與團結程度，而高同質化社會將無法充分受益於技術與商業進步所仰賴的知識交互激盪。所以儘管各國的體制和文化特性已趨於一致，各國的所得差距卻不見得會縮小。這便是過去對現在的箝制。

　　從數十萬年前，最早一批的智人走出非洲，他們每一批的社會特徵和定居地的自然環境都各不相同，那些差別的影響並未隨時間而消散。有些族群幸運地一開始就享有有利於經濟發展的人口多元化程度和地理特性，有些一開始即面臨較不利的條件，並且從此一直妨礙其成長過程。有利的初始條件有助於發展技術，並形成可增進成長的體制和文化特徵：包容式政治體制、社會資本、前瞻心態等，這些繼而

又激勵技術再進步，以及由停滯轉為成長的步調。反之天生條件不足必然導致較慢的發展軌跡，再加上妨礙成長的體制和文化特徵，情況只會越來越嚴重。

　　整個人類歷史上，體制和文化都受地理特性和人口多元化很大的影響，但是也始終免不了被歷史突然變動所波及，那偶爾會翻轉國家的命運。以南北韓來說，即使地理和人口多元化相同的國家，生活水準仍可能差上十萬八千里。像這種不常見的事件造成某些國家的明顯差距，其背後的主導力量可能是文化和體制。

　　不過人類歷史的長弧線透露，地理特徵和人口多元化，有部分是數萬年前形成，智人出走非洲期間，它們是全球不平等最主要、也最深植的因素，而文化和體制的調適經常支配著全球各社會發展前進的速度。某些地方具備有益於成長的地理和多元化，所以文化特質和體制特點可以迅速適應周遭環境，並加速技術進步。這個過程在數百年後引發對人力資本的需求爆增，生育率突降，於是提早轉型到現代成長期。在其他地方，人與環境的互動造成社會發展較慢，延後逃離馬爾薩斯怪獸的利爪。因此出現當代極端的全球不平等。

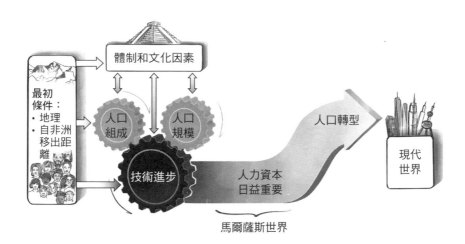

比較發展的終極根源

| 完結篇 |

揭開不平等的謎團

　　二次大戰剛結束那幾年，太平洋小島坦納（Tanna）建造了幾處像是軍事基地的設施。這些基地裡有飛機、跑道、瞭望台，還有總部和軍中福利社，可是全都不是真的。飛機是用空樹幹製成，跑道長度不夠讓飛機起降，茅草蓋的瞭望台裡，監測儀器是木刻的，照明只能用燃燒的火炬。儘管從未有飛機在這些仿造的機場下降，有些島民卻模擬航管人員，有些則是攜帶木棍而非步槍行軍。

　　那次戰爭為坦納島及太平洋上美拉尼西亞其他島嶼原住民留下刻骨銘心的印象。他們目睹美日工業強國的強大實力，美日飛機呼嘯而過他們家園的天空，美日戰艦在附近海上開火，美日部隊在各島上設置基地。島民特別印象深刻的事，就是這些陌生人帶來的豐富貨物：一箱箱罐頭食品、藥物、衣服，還有各式各樣的設備，坦納島人很少見過這種陣仗。當戰爭結束，部隊返國，餽贈來源枯竭。島民不熟悉現代工藝，但是想要確定這些財物還會再來，就複製相伴的特殊設備和作法，希望那些被島民認知為物質與精神財富、平等、政治自治的貨品，最終有幸再次降臨各島。❶

　　西方為窮國提出的發展政策建議，太常與坦納島民的「恢復儀式」相去不遠。那些建議都是膚淺的模仿與已開發國家經濟繁榮正相關的體制，卻未適當考慮，窮國也許並不具備它們製造財富的基本條件。特別是一般普遍認為，開發中世界的貧窮，絕大部分是不當的政經政策所造成的，因此只要採取一套一體適用的結構性改革，就能消除貧窮。這種自以為是出自根本的誤解，因為它忽略了根深柢固的因素對這類政策的效力影響多麼關鍵。有效用的政策則會解決這些必然會妨礙成長過程的主要因素，而各國的這類要素經常大相逕庭。

　　華盛頓共識（Washington Consensus）就是一個明顯的不當作法的例子，它是一套對開發中國家的政策建議，重點放在貿易自由化、公營企業民營化、加強保護財產權、解除管制、擴大稅基、降低邊際稅率。儘管世界銀行和國際貨幣基金在一九九〇年代極力執行基於此共識的改革，但是成效不如預期。❷ 對於已發展出經濟成長的社會、文化先決條件的國家，產業民營化、貿易自由化、保障財產權，或許是有利於成長的政策，可是在這些基礎付諸闕如的環境裡，社會內聚力薄弱，貪腐積重難返，這種一視同仁的改革經常徒勞無功。

　　任何改革無論多有效率，都無法在一夜之間把窮國變為先進經濟體，因為已開發與開發中經濟體的鴻溝是由數千年歷程演變而來。許久以前出現的體制、文化、地理、社會特徵，已帶動各文明走過獨特的歷史道路，導致各國財富的差異。無庸置疑，有利於經濟繁榮的文化和體制是可以逐步建立和形成的。可以緩解由地理和多元化產生的障礙。可是任何政策介入，如果無視於各國從歷史過程演變而來的特

質，就不太可能減少不平等，反而可能引起挫折、動盪和長期停滯。

　　表面看來，不平等的根源來自全球化和殖民化的不對稱效應。此二過程加快西歐國家的工業化及發展步伐，卻延後低度開發社會逃離貧窮陷阱的時程。後來有些地方繼續施行榨取式殖民體制，目的是為維持既有的政經不平等，使得國與國間財富差距更加嚴重。

　　然而這些殖民時代的宰制、剝削、不對稱貿易力量，是建立在殖民時代之前的不平衡發展。原本存在的各地政經體制差異，以及主流文化規範各有不同，對發展的步調及由停滯轉向成長的時間產生了主導性影響。

　　在歷史的關鍵時刻進行體制改革，或是出現獨特的文化特質，久而久之偶爾會使社會偏離成長的軌道。不過偶發事件，儘管在我們腦海裡顯得十分戲劇化而重大，但是從人類整體進展來看，只有短暫而作用有限的影響，不太可能成為過去數百年來，各國各地區經濟繁榮有高有低背後的主宰力量。最早的偉大文明，崛起於大河四周肥沃的土地，如幼發拉底河、底格里斯河、尼羅河、長江、恆河，並非巧合。靠偶然的歷史、體制、文化發展，無法在遠離水源的地方形成古代主要城市，也無法在西伯利亞嚴寒的森林中心或撒哈拉沙漠的中央，發展出革命性農業技術。

　　地理及遠古根深柢固的那些更內在、更深層的因素，促使世上某些地方出現增進成長的文化特點與政治體制，其他地方卻出現妨礙成長的文化特點與政治體制。像中美洲這類地方，土地適合大型農園，以致具剝削、奴役、不平等特質的榨取式政治體制出現並延續。在非

洲撒哈拉以南這類疾病肆虐的環境，農業和勞動生產力因此較低，也較晚採用先進農業技術，降低人口密度，集中政治權力，迎接長期繁榮。相較之下，在較幸運的地區，有利的土壤和氣候特點，導致社會演化出有利於發展的文化特質：更能夠合作、信賴、性別平等和重視未來的心態。

　　為理解地理特徵的長久影響，我們回到一萬二千年前的農業革命之初。此時生物多樣性、可馴化動植物品種多寡，及各洲地勢的走向，促成某些地方較早由狩獵採集部落轉向定居農業社群，其他地方則轉變較晚。事實上，在先發生新石器革命的歐亞大陸，技術發達得早，並一直領先到前工業時期。不過很重要的是，與先轉型農業相關的有利力量到工業時期已經消散，最終對鑄成今日全球廣泛的不平等的作用有限；最早轉向農業的社會注定無法成為當前最繁榮的國家，因為農業專業化後來妨礙到其都市化過程，削弱其技術領先優勢。

　　最終，為探索當代繁榮某些最深層的根源，我們又回到更久遠的過去的一切的開端：數萬年前人類邁出遠離非洲的第一步。那次出走的路線，部分決定了各社會內部的多元化程度。多元化不斷影響到整個人類歷史旅程的經濟繁榮：享有交互激盪促進創新與社會凝聚的甜蜜點，那樣的社會獲益最大。

　　近數十年來，窮國快速地紛紛投入發展，促使全球各地都展現增進成長的文化和體制特質，並助長開發中國家的成長。現代交通、醫藥和資訊技術已降低地理對經濟發展的負面效應，而技術突飛猛進，更增加多元化對繁榮的潛在好處。要是這些趨勢能夠搭配有助於多元

社會更團結、同質社會受益於智識激盪的政策，那我們就可以開始從根本上解決當代財富的不平等。

如今在坦納島上有真正的機場；大多數兒童可以上小學；島民擁有行動電話；也有絡繹不絕的觀光客受亞蘇爾火山（Mount Yasur）和傳統文化吸引而來，為當地經濟提供極其重要的收入。雖然坦納島所屬的萬那杜，人均所得仍相當低，但是過去二十年來已增加一倍以上。

在歷史的長長黑影下，各國的命運並非一成不變。隨著曾主宰人類旅程的巨輪繼續轉動，實施加強注重未來、教育及創新的措施，配合性別平等、多元思想、尊重差異，全球普遍繁榮的鎖鑰就繫於此。

後記

　　我不清楚，我開始撰寫此書時溜過美國布朗大學窗外那隻松鼠的命運如何。我寧願相信牠在新英格蘭寒冷的冬季倖存，像牠的物種那樣繁衍下去。不過我有信心，牠如果再出現在我窗前，又窺見有某人把精力投入此書的最後手稿上，卻不去覓食和追逐獵物，牠依舊會難以理解。要牠想像不是完全被求生和繁殖支配的生活，想必會很困難。然而對人類這個物種來說，那種存在已逐漸消失在記憶中。

　　本書探討了使人類得以由停滯到成長，再到不平等的獨特力量，松鼠或住在地球上的所有其他物種，都從未走過這條路。有鑑於若試圖描述人類整個歷史過程，恐怕會迷失在引人入勝的細節裡，以致見樹不見林，所以我努力專注於在人類旅程中一路隨行的基本力量。

　　自從人類發展出第一個切割石頭的工具，技術進步就在促進成長，也促進人類適應周遭多變的環境。而這些變化不分時空，在各時代、各地區、各文明，都導致技術進一步發展。然而，所有社會的一個核心層面，就是生活水準，始終大都未受影響。技術進展未能長久改善人類的物質福祉。人類也像所有其他物種一樣身陷貧窮陷阱。技術進步必然造成人口增加，因此進步帶來的財富必然要分配給越來越多的人口。創新可以帶給幾個世代經濟繁榮，可是到最後，人口增長使生活條件回復到勉強維生的水準。

　　千百年來，改變的巨輪，因技術進步與人口規模、人口組成的相互強化作用，轉動的速度越來越快，直到最後來到臨界點，使工業革命的進展如同脫韁野馬。對具教育程度的工人需求增加，這種工人能應對日新月異的技術環境，加以男女工資的差距縮小，給父母較大的誘因投資現有子女就學，而非生育更多子女，造成生育率下降。人口大轉型粉碎馬爾薩斯貧窮陷阱，生活水準改善，但是並未很快被人口增加所抵消，於是人類開始享有長期的榮景。

　　一方面是嘆為觀止的技術進步，和生活水準大幅提升，另一方面人類卻也經歷重大災難：西班牙流感瘟疫、經濟大蕭條、政治極端主義、兩次世界大戰的暴行，都帶來毀滅性後果。這些苦難固然奪走無數人的性命，可是從更寬廣的角度去看，人類整體的生活水準，很快便從這些悲劇中一一復原。短期內，成長過程極易於受巨大變化之害，像最近新冠肺炎疫情對全世界的影響。不過歷史表明，這些事件儘管打擊甚大，令人難安，但是對人類發展偉大弧線的長期影響有限。人類勇往直前的腳步至今從未停歇。

　　然而當數十億人擺脫饑餓、疾病與氣候多變的威脅，新的危險似乎已等著我們：源自工業革命，由人類造成的環境惡化與氣候變遷，其影響令人憂慮。數十年後，地球暖化是否會被視為阻礙人類前進不懈的絆腳石？有趣的是，工業化曾同時影響創新、人力資本形成和生育率下降，而減少氣候變遷的負面效應，以及在經濟成長與環境保育間若要有所取捨，工業化很可能也是解決之鑰。過去一百年來，橫掃全球的人口成長快速降低，以及人力資本形成和創新能力的提升，使

我們對人類有能力防止全球暖化最可怕的後果，有理由感到樂觀。

從所有可想像的標準來看，自十九世紀初，人類的生活條件便空前未有地大躍進，這反映在教育機會、衛生基礎設施和技術的快速擴張上，這些力量徹底翻轉全球數十億人的人生。然而，全球各地擺脫停滯時段的時間不盡相同。西歐各國和北美地區工業革命之後的生活條件即顯著提升，但是亞、非、拉丁美洲大部分地區要到二十世紀後半才發生，造成嚴重的財富與福祉不平等。不過我們也有理由感到樂觀。誠然，體制、文化、地理和多元化的區域差異不會完全消失；我們知道這些因素的持久力多麼強。可是，文化和技術會隨著時間散播，與多元化相關的政策也可以縮小某些差距，並緩和這些根深柢固因素的影響。要不了多久，馬爾薩斯力量將從我們集體的記憶中消失，全體人類將走上旅程的新階段。

然而凸顯過去二百年不可思議的進步，不應讓我們輕忽，仍然影響著很多人的窮困與不公不義，或是否定加以解決的責任有其急迫性。而我希望理解這種不平等的來源，會使我們有能力找到減少貧窮更好的方法，並且促進全人類的繁榮。我們要認識過去的根源才能參與設計未來。人類歷史的巨輪在近數十年繼續飛速地轉動，促進經濟繁榮散布至全球，這種振奮人心的體認應該會加強我們把握唾手可得的機會。

只要人類一直自我反思，思想家就一直想知道國家興衰、財富與不平等的起源。如今多虧積數十年研究心得產生出長期觀點，再加上從實證而來的統一分析架構，我們有工具可以理解人類的整體歷程，

並解開歷程中的核心謎團。我希望我們理解財富和全球不平等的源頭，將引導人類設計出有利於全球繁榮的政策，同時在人類繼續走向未知領域之際，幫助讀者想像並努力實現眼前更富足的未來。

謝辭

本書來自作者長達三十年知識的構思與探索歷程。

本書的不同部分來自和多位學者的共同研究，包括：Quamrul Ashraf, Gregory Casey, Raphaël Franck, Marc Klemp, Stelios Michalopoulos, Omer Moav, Andrew Mountford, Ömer Özak, Harl Ryder, Assaf Sarid, Viacheslav Savitskiy, Daniel Tsiddon, Dietrich Vollrath, David Weil 與 Joseph Zeira 等人。還受益於作者多年來與世界各地學者的深入討論，尤其是：Daron Acemoglu, Alberto Alesina, Sascha Becker, Roland Bénabou, Alberto Bisin, Matteo Cervellati, Carl-Johan Dalgaard, David de la Croix, Klaus Desmet, Matthias Doepke, Steven Durlauf, James Fenske, Moshe Hazan, Andreas Irmen, Ross Levine, Joel Mokyr, Nathan Nunn, Louis Putterman, Jim Robinson, Uwe Sunde, Enrico Spolaore, Holger Strulik, Joachim Voth, Romain Wacziarg 與 Fabrizio Zilibotti 等人。

本書部分內容及基礎理論架構為作者在多個場合的講座主題，包括：Doctor Honoris Causa Lecture (Université catholique de Louvain, 2021), Doctor Honoris Causa Lecture (Poznan University for Economics and Business, 2019), the Copernican Lecture (Torun, 2019), the Ricardo Lecture (Denmark, 2019), the Bogen Lecture (Hebrew University, 2019), the Zeuthen Lectures (Copenhagen, 2016), the Berglas Lecture (Tel Aviv

University, 2015), the Maddison Lecture (Groningen, 2012), the Kuznets Lecture (Yale University, 2009), the Klein Lecture (Osaka, 2008), the Opening Lectures of the German Economic Association (Augsburg, 2016) and the Israeli Economic Association (Jerusalem, 2003), 以及在以下會議主講的主題：the Meeting of the European Public Choice Society (Jerusalem, 2019), NBER, Macroeconomics Across Time and Space (Philadelphia, 2018), the Association for the Study of Religion, Economics & Culture (Copenhagen, 2016), the Long Shadow of History (Munich, 2014), 9th IZA Annual Migration Meeting (Bonn, 2012), BETA-Workshop in Historical Economics (Strasbourg 2012), Fourth International Conference on Migration and Development (Harvard University, 2011), Korean Economic Association (Seoul, 2008), Early Economic Developments (Copenhagen, 2006), DEGIT Annual Meeting (Rome, 2000; Vienna, 2001; Mexico City, 2005), Annual T2M Conferences (Paris, 2000)。

此外，本書的理論基礎是作者在以下系列講座的核心內容：Kiel (2015), St Gallen (2012– 15), the Summer Schools of Economic Growth (Warwick, 2011–13; Naples, 2012; Jerusalem, 2008), Bar-Ilan University (2012), Ben-Gurion University (2012), Luxembourg (2012), Porto (2012), Science Po (2012), Danish Doctoral Programme (Copenhagen, 2008), the International Monetary Fund Training Programme (2006 and 2008), the Centre for Economic Policy Research Summer Workshop (Florence, 2007), Zurich (2003) 及 the Dutch Joint Doctoral Programme (2000)。

　　本書一份較早的希伯來文版本於二〇二〇年三月推出，撰寫過程與 Ori Katz 密切合作，感謝 Eylon Levy 精湛地將書稿翻譯成英文。過去兩年中，我對於先前書稿的結構、範圍、風格與內容有了徹底的修改和補充，過程中主要受益於以下人士的認真閱讀與深刻建議：Guillaume Blanc, Gregory Casey, Amaury Dehoux, Raphaël Franck, Martin Fiszbein, Mariko Klasing, Marc Klemp, Julia Lynn, Maria Medellin Esguerra, Petros Milionis, Diego Ramos Toro, Balazs Zelity, Ally Zhu and, 特別是 Erica Durante。

　　非常感謝我的文學經紀人 Jennifer Joel，她的寶貴建議和徹底的編輯大大提升了本書的品質與吸引力。感謝出版人 Will Hammond (Penguin Random House, Vintage) 及 John Parsley (Penguin Random House, Dutton) 協助調整本書的內容範圍，拓寬受眾。特別感謝 Will Hammond 所做的徹底而關鍵的編輯修訂，他對某些主題及基本研究方法廣泛而謙虛的提議，對於技術性較強的理論和實證研究方法的介紹及文稿品質有極大的幫助。

參考書目

Abram, Nerilie J., Helen V. McGregor, Jessica E. Tierney, Michael N. Evans, Nicholas P. McKay and Darrell S. Kaufman, 'Early onset of industrial-era warming across the oceans and continents', *Nature* 536, no. 7617 (2016): 411–18.

Abramovitz, Moses, and Paul A. David, *American macroeconomic growth in the era of knowledge-based progress: The long-run perspective*, Vol. 93, 1999.

Acemoglu, Daron, Davide Cantoni, Simon Johnson and James A. Robinson, 'The Consequences of Radical Reform: The French Revolution', *American Economic Review* 101, no. 7 (2011): 3286–307.

Acemoglu, Daron, Simon Johnson and James A. Robinson, 'Reversal of Fortune: Geography and institutions in the making of the modern world income distribution', *The Quarterly Journal of Economics* 117, no. 4 (2002): 1231–94.

Acemoglu, Daron, Simon Johnson and James A. Robinson, 'The Colonial Origins of Comparative Development: An empirical investigation', *American Economic Review* 91, no. 5 (2001): 1369–1401.

Acemoglu, Daron, and James A. Robinson, 'Why did the West extend the franchise? Democracy, inequality, and growth in historical perspective', *The Quarterly Journal of Economics* 115, no. 4 (2000): 1167–99.

Acemoglu, Daron, and James A. Robinson, *Why Nations Fail: The origins of power, prosperity, and poverty*, Crown Books, 2012.

Acsádi, György, János Nemeskéri and Kornél Balás, *History of human life span and mortality*, Budapest: Akadémiai Kiadó, 1970.

Aghion, Philippe, and Peter Howitt, 'A Model of Growth Through Creative Destruction', *Econometrica* 60, no. 2 (1992): 323–51.

Aidt, Toke S., and Raphaël Franck, 'Democratization under the Threat of Revolution: Evidence from the Great Reform Act of 1832', *Econometrica* 83, no. 2 (2015): 505–47.

Aiello, Leslie C., and Peter Wheeler, 'The expensive-tissue hypothesis: the brain and the digestive system in human and primate evolution', *Current Anthropology* 36, no. 2 (1995): 199–221.

Alesina, Alberto, Arnaud Devleeschauwer, William Easterly, Sergio Kurlat and Romain Wacziarg, 'Fractionalization', *Journal of Economic Growth* 8, no. 2 (2003): 155–94.

Alesina, Alberto, and Paola Giuliano, 'Culture and Institutions', *Journal of Economic Literature* 53, no. 4 (2015): 898–944.

Alesina, Alberto, and Paola Giuliano, 'The Power of the Family', *Journal of Economic Growth* 15, no. 2 (2010): 93–125.

Alesina, Alberto, Paola Giuliano and Nathan Nunn, 'On the Origins of Gender Roles: Women and the plough', *The Quarterly Journal of Economics* 128, no. 2 (2013): 469–530.

Alesina, Alberto, and Nicola Fuchs-Schündeln, 'Goodbye Lenin (or not?): The Effect of Communism on People's Preferences', *American Economic Review* 97, no. 4 (2007): 1507–28.

Allen, Robert C., 'Progress and Poverty in Early Modern Europe', *The Economic History Review* 56, no. 3 (2003): 403–43.

Allen, Robert C., 'Agriculture and the Origins of the State in Ancient Egypt', *Explorations in Economic History* 34, no. 2 (1997): 135–54.

Alsan, Marcella, 'The effect of the tsetse fly on African development', *American Economic Review* 105, no. 1 (2015): 382–410.

Andersen, Thomas Barnebeck, Jeanet Bentzen, Carl-Johan Dalgaard and Paul Sharp, 'Pre-reformation roots of the Protestant Ethic', *The Economic Journal* 127, no. 604 (2017): 1756–93.

Andersen, Thomas Barnebeck, Carl-Johan Dalgaard and Pablo Selaya, 'Climate and the Emergence of Global Income Differences', *The Review of Economic Studies* 83, no. 4 (2016): 1334–63.

Andrews, Kehinde, *The New Age of Empire: How Racism and Colonialism Still Rule the World*, Penguin UK, 2021.

Ang, James B., 'Agricultural legacy and individualistic culture', *Journal of Economic Growth* 24, no. 4 (2019): 397–425.

Angel, J. Lawrence, 'The Bases of Paleodemography', *American Journal of Physical Anthropology* 30, no. 3 (1969): 427–37.

Angrist, Joshua D., and Jörn-Steffen Pischke, *Mostly Harmless Econometrics*, Princeton University Press, 2008.

Aquinas, Thomas, *Summa Theologica*, Authentic Media Inc. 2012.

Arbatlı, Cemal Eren, Quamrul H. Ashraf, Oded Galor and Marc Klemp, 'Diversity and Conflict', *Econometrica* 88, no. 2 (2020): 727–97.

Arias, Elizabeth, 'United States Life Tables, 2012' (2016).

Arrow, Kenneth J., 'Gifts and Exchanges', *Philosophy & Public Affairs* (1972): 343–62.

Ashraf, Quamrul, and Oded Galor, 'Genetic diversity and the origins of cultural fragmentation', *American Economic Review* 103, no. 3 (2013): 528–33.

Ashraf, Quamrul, and Oded Galor, 'The "Out of Africa" hypothesis, human genetic diversity, and comparative economic development', *American Economic Review* 103, no. 1 (2013): 1–46.

Ashraf, Quamrul, and Oded Galor, 'Dynamics and stagnation in the Malthusian Epoch', *American Economic Review* 101, no. 5 (2011): 2003–41.

Ashraf, Quamrul, Oded Galor and Marc Klemp, 'Population Diversity and Differential Paths of Long-Run Development since the Neolithic Revolution' (2020).

Ashraf, Quamrul, Oded Galor and Marc Klemp, 'Ancient Origins of the Wealth of Nations', in *Handbook of Historical Economics*, Elsevier, 2021.

Ashraf, Quamrul, Oded Galor and Ömer Özak, 'Isolation and development', *Journal of the European Economic Association* 8, no. 2–3 (2010): 401–12.

Ashraf, Quamrul, and Stelios Michalopoulos, 'Climatic fluctuations and the diffusion of agriculture', *Review of Economics and Statistics* 97, no. 3 (2015): 589–609.

Atack, Jeremy, Fred Bateman, Michael Haines and Robert A. Margo, 'Did railroads induce or follow economic growth? Urbanization and population growth in the American Midwest, 1850–1860', *Social Science History* 34, no. 2 (2010): 171–97.

Atkinson, Quentin D., 'Phonemic diversity supports a serial founder effect model of language expansion from Africa', *Science* 332, no. 6027 (2011): 346–9.

Bae, Christopher J., Katerina Douka and Michael D. Petraglia, 'On the origin of modern humans: Asian perspectives', *Science* 358, no. 6368 (2017).

Bairoch, Paul, 'International industrialization levels from 1750 to 1980', *Journal of European Economic History* 11, no. 2 (1982): 269–333.

Bairoch, Paul, 'Geographical structure and trade balance of European foreign trade from 1800 to 1970', *Journal of European Economic History* 3, no. 3 (1974): 557–608.

Banfield, Edward C., *The Moral Basis of a Backward Society*, Free Press, 1967.

Bar-Yosef, Ofer, 'The Natufian culture in the Levant, threshold to the origins of agriculture', *Evolutionary Anthropology: Issues, News, and Reviews* 6, no. 5 (1998): 159–77.

Bar-Yosef, Ofer, and François R. Valla, *Natufian foragers in the Levant: Terminal Pleistocene social changes in Western Asia*, Vol. 19, Berghahn Books, 2013.

Barlow, Nora (ed.), *The Autobiography of Charles Darwin 1809–1882*, Collins, 1958.

Barro, Robert J., 'Determinants of Democracy', *Journal of Political Economy* 107, no. S6 (1999): S158–83.

Barro, Robert J., 'Democracy and growth', *Journal of Economic Growth* 1, no. 1 (1996): 1–27.

Basu, Aparna, *The Growth of Education and Political Development in India, 1898– 1920*, Oxford University Press, 1974.

Basu, Kaushik, 'Child labor: cause, consequence, and cure, with remarks on international labor standards', *Journal of Economic Literature* 37(3) (1999): 1083–119.

Baudin, Thomas, David De La Croix and Paula E. Gobbi, 'Fertility and Childlessness in the United States' *American Economic Review* 105, no. 6 (2015): 1852–82.

Bazzi, Samuel, Martin Fiszbein and Mesay Gebresilasse, 'Frontier culture: The roots and persistence of "rugged individualism" in the United States', *Econometrica* 88, no. 6 (2020): 2329–68.

Becerra-Valdivia, Lorena, and Thomas Higham, 'The timing and effect of the earliest human arrivals in North America', *Nature* 584, no. 7819 (2020): 93–97.

Becker, Gary S., and Nigel Tomes, 'Child Endowments and the Quantity and Quality of Children', *Journal of Political Economy* 84, no. 4, Part 2 (1976): S143–62.

Becker, Sascha O., Thiemo Fetzer and Dennis Novy, 'Who Voted for Brexit? A Comprehensive District-Level Analysis', *Economic Policy* 32, no. 92 (2017): 601–50.

Becker, Sascha O., Katrin Boeckh, Christa Hainz and Ludger Woessmann, 'The Empire is Dead, Long Live the Empire! Long-Run Persistence of Trust and Corruption in the Bureaucracy', *The Economic Journal* 126, no. 590 (2016): 40–74.

Becker, Sascha O., Francesco Cinnirella and Ludger Woessmann, 'The Trade-Off Between Fertility and Education: Evidence from Before the Demographic Transition', *Journal of Economic Growth* 15, no. 3 (2010): 177–204.

Becker, Sascha O., and Ludger Woessmann, 'Was Weber Wrong? A Human Capital Theory of Protestant Economic History', *The Quarterly Journal of Economics* 124, no. 2 (2009): 531–96.

Bellwood, Peter, James J. Fox and Darrell Tryon, *The Austronesians: historical and comparative perspectives*, ANU Press, 2006.

Benhabib, Jess, and Mark M. Spiegel, 'Human Capital and Technology Diffusion', *Handbook of Economic*

Growth 1 (2005): 935–66.

Bennett, Matthew R. et al., 'Evidence of humans in North America during the Last Glacial Maximum', *Science* 373, no. 6562 (2021): 1528–1531.

Bentzen, Jeanet Sinding, Nicolai Kaarsen and Asger Moll Wingender, 'Irrigation and autocracy', *Journal of the European Economic Association* 15, no. 1 (2017): 1–53.

Betti, Lia, and Andrea Manica, 'Human variation in the shape of the birth canal is significant and geographically structured', *Proceedings of the Royal Society* B 285, no. 1889 (2018): 20181807.

Betti, Lia, Noreen von Cramon-Taubadel, Andrea Manica and Stephen J. Lycett, 'Global geometric morphometric analyses of the human pelvis reveal substantial neutral population history effects, even across sexes', *PloS One* 8, no. 2 (2013): e55909.

Betti, Lia, François Balloux, William Amos, Tsunehiko Hanihara and Andrea Manica, 'Distance from Africa, not climate, explains within-population phenotypic diversity in humans', *Proceedings of the Royal Society B: Biological Sciences* 276, no. 1658 (2009): 809–14.

Bignon, Vincent, and Cecilia García-Peñalosa, 'Protectionism and the education- fertility trade-off in late 19th century France' (2016).

Bisin, Alberto, and Thierry Verdier, 'The economics of cultural transmission and the dynamics of preferences', *Journal of Economic Theory* 97, no. 2 (2001): 298–319.

Bisin, Alberto, and Thierry Verdier, '"Beyond the melting pot": cultural transmission, marriage, and the evolution of ethnic and religious traits', *The Quarterly Journal of Economics* 115, no. 3 (2000): 955–88.

Blackmore, Susan, 'Evolution and Memes: The Human Brain as a Selective Imitation Device', *Cybernetics & Systems* 32, no. 1–2 (2001): 225–55.

Blayo, Yves, 'Mortality in France from 1740 to 1829', *Population* 30 (1975): 123–43.

Bleakley, Hoyt, 'Malaria eradication in the Americas: A retrospective analysis of childhood exposure', *American Economic Journal: Applied Economics* 2, no. 2 (2010): 1–45.

Bleakley, Hoyt, 'Disease and Development: Evidence from hookworm eradication in the American South', *The Quarterly Journal of Economics* 122, no. 1 (2007): 73–117.

Bleakley, Hoyt, and Fabian Lange, 'Chronic Disease Burden and the Interaction of Education, Fertility, and Growth', *Review of Economics and Statistics* 91, no. 1 (2009): 52–65.

Bleasdale, Madeleine, Kristine K. Richter, Anneke Janzen et al., 'Ancient proteins provide evidence of dairy consumption in eastern Africa', *Nature Communication* 12, 632 (2021).

Bockstette, Valerie, Areendam Chanda, and Louis Putterman, 'States and markets: The advantage of an early start', *Journal of Economic Growth* 7, no. 4 (2002): 347–69.

Bolt, Jutta, Robert Inklaar, Herman de Jong and Jan Luiten van Zanden, 'Rebasing "Maddison": new income comparisons and the shape of long-run economic development', Maddison Project Database (2018).

Bolt, Jutta, and Jan Luiten van Zanden, 'The Maddison Project: collaborative research on historical national accounts', *The Economic History Review* 67, no. 3 (2014): 627–51, Maddison Project Database (2013).

Boserup, Ester, *Woman's Role in Economic Development*, St. Martin's Press, 1970.

Boserup, Ester, *The Conditions of Agricultural Growth: The economics of agrarian change under population pressure*, Aldine Publishing, 1965.

Bostoen, Koen, *The Bantu Expansion*, Oxford University Press, 2018.

Boyd, Robert, Peter J. Richerson and Joseph Henrich, 'The cultural niche: Why social learning is essential for human adaptation', *Proceedings of the National Academy of Sciences* 108, no. Supplement 2 (2011): 10918–25.

Botticini, Maristella, and Zvi Eckstein, *The Chosen Few: How Education Shaped Jewish History*, Vol. 42, Princeton University Press, 2014, pp. 70–1492.

Brown, John C., and Timothy W. Guinnane, 'Fertility Transition in a Rural, Catholic Population: Bavaria, 1880–1910', *Population Studies* 56, no. 1 (2002): 35–49.

Buggle, Johannes C., and Ruben Durante, 'Climate Risk, Cooperation and the Co-Evolution of Culture and Institutions', *The Economic Journal* 131, no. 637 (2021): 1947–87.

Buringh, Eltjo, and Jan Luiten van Zanden, 'Charting the "Rise of the West": Manuscripts and Printed Books in Europe, a long-term Perspective from the Sixth through Eighteenth Centuries', *The Journal of Economic History* 69, no. 2 (2009): 409–45.

Burnette, Joyce, 'An Investigation of the Female–Male Wage Gap During the Industrial Revolution in Britain', *The Economic History Review* 50, no. 2 (1997): 257–81.

Bybee, Joan L., and Östen Dahl, *The Creation of Tense and Aspect Systems in the Languages of the World*, John Benjamins, 1989.

Carneiro, Robert L., 'The Chiefdom: precursor of the state', *The Transition to Statehood in the New World* (1981): 37–79.

Casey, Gregory, and Oded Galor, 'Is faster economic growth compatible with reductions in carbon emissions? The role of diminished population growth', *Environmental Research Letters* 12, no. 1 (2017): 014003.

Cervellati, Matteo, and Uwe Sunde, 'Human capital formation, life expectancy, and the process of development', *American Economic Review* 95, no. 5 (2005): 1653–72.

Chandler, Tertius, *Four Thousand Years of Urban Growth: An Historical Census*, Mellen, 1987.

Charnov, Eric L., and S. K. Morgan Ernest, 'The offspring-size/clutch-size trade-off in mammals', *The American Naturalist* 167, no. 4 (2006): 578–82.

Chaudhuri, Kurti N., 'Foreign trade and balance of payments (1757–1947)', *The Cambridge Economic History of India* 2 (1983): 804–77.

Chen, M. Keith, 'The Effect of Language on Economic Behavior: Evidence from Savings Rates, Health Behaviors, and Retirement Assets', *American Economic Review* 103, no. 2 (2013): 690–731.

Chen, Shuo, and James Kai-sing Kung, 'Of Maize and Men: The Effect of a New World Crop on Population and Economic Growth in China', *Journal of Economic Growth* 21, no. 1 (2016): 71–99.

Chesnais, Jean-Claude, *The Demographic Transition: Stages, Patterns and Economic Implications*, Oxford University Press, 1992.

Cinnirella, Francesco, and Jochen Streb, 'The Role of Human Capital and Innovation in Prussian Economic Development', *Journal of Economic Growth* 22, no. 2 (2017): 193–227.

Cipolla, Carlo M., *Literacy and Development in the West*, Vol. 1027, Penguin, 1969.

Clark, Gregory, 'Microbes and Markets: Was the Black Death an Economic Revolution?', *The Journal of Economic History* 82, no. 2 (2016): 139–65.

Clark, Gregory, *A Farewell to Alms: A Brief Economic History of the World*, Vol. 25, Princeton University Press, 2008.

Clark, Gregory, and David Jacks, 'Coal and the Industrial Revolution, 1700–1869', *European Review of Economic History* 11, no. 1 (2007): 39–72.

Clark, Gregory, 'The Long March of History: Farm Wages, Population, and Economic Growth, England 1209–1869', *The Economic History Review* 60, no. 1 (2007): 97–135.

Clarkson, Chris, Zenobia Jacobs, Ben Marwick, Richard Fullagar, Lynley Wallis, Mike Smith, Richard G. Roberts et al., 'Human occupation of northern Australia by 65,000 years ago', *Nature* 547, no. 7663 (2017): 306–10.

Clutton-Brock, Tim H., and Paul H. Harvey, 'Primates, Brains and Ecology', *Journal of Zoology* 190, no. 3 (1980): 309–23.

Cohen, Mark Nathan, *Health and the Rise of Civilization*, Yale University Press, 1989.

Comin, Diego, William Easterly and Erick Gong, 'Was the Wealth of Nations Determined in 1000 BC?', *American Economic Journal: Macroeconomics* 2, no. 3 (2010): 65–97.

Cook, C. Justin, and Jason M. Fletcher, 'High-School Genetic Diversity and Later-Life Student Outcomes: Micro-Level Evidence from the Wisconsin Longitudinal Study', *Journal of Economic Growth* 23, no. 3 (2018): 307–39.

Cook, C. Justin., 'The Role of Lactase Persistence in Precolonial Development', *Journal of Economic Growth* 19, no. 4 (2014): 369–406.

Cosandey, David, *Le Secret de l'Occident*, Champs-Flammarion, 2007.

Crafts, Nicholas F. R., 'Duration of Marriage, Fertility and Women's Employment Opportunities in England and Wales in 1911', *Population Studies* 43, no. 2 (1989): 325–35.

Crafts, Nicholas F. R., and C. Knick Harley, 'Output Growth and the British Industrial Revolution: A Restatement of the Crafts–Harley view', *The Economic History Review* 45, no. 4 (1992): 703–30.

Crafts, Nicholas F. R., and Mark Thomas, 'Comparative advantage in UK manufacturing trade, 1910–1935', *The Economic Journal* 96, no. 383 (1986): 629–45.

Cubberley, Ellwood Patterson, *The History of Education: Educational Practice and Progress Considered as a Phase of the Development and Spread of Western Civilization*, Houghton Mifflin Company, 1920.

Dahl, Östen, and Viveka Velupillai, 'The Future Tense', from *The World Atlas of Language Structures Online*, edited by Matthew Dryer and Martin Haspelmath, Max Planck Institute for Evolutionary Anthropology, 2011.

Dalgaard, Carl Johan, Anne Sofie Knudsen and Pablo Selaya, 'The bounty of the sea and long-run development', *Journal of Economic Growth* 25, no. 3 (2020): 259–95.

Dalgaard, Carl-Johan, Jakob B. Madsen, and Holger Strulik, 'Physiological Constraints and the Transition to Growth: Implications for Comparative Development', *Journal of Economic Growth* 26, no. 3 (2021): 241–289.

Dalgaard, Carl-Johan and Holger Strulik, 'The Physiological Foundations of the Wealth of Nations', *Journal of Economic Growth* 20, no. 1 (2015): 37–73.

Darlington, Philip J., 'Group Selection, Altruism, Reinforcement, and Throwing in Human Evolution', *Proceedings of the National Academy of Sciences* 72, no. 9 (1975): 3748–52.

Dawkins, Richard, *The Selfish Gene*, Oxford University Press, 1976.

de La Croix, David, Eric B. Schneider and Jacob Weisdorf, 'Childlessness, celibacy and net fertility in pre-industrial England: the middle-class evolutionary advantage', *Journal of Economic Growth* 24, no. 3 (2019): 223–56.

de la Croix, David, Matthias Doepke and Joel Mokyr, 'Clans, guilds, and markets: Apprenticeship institutions and growth in the preindustrial economy', *The Quarterly Journal of Economics* 133, no. 1 (2018): 1–70.

De Pleijt, Alexandra, Alessandro Nuvolari and Jacob Weisdorf, 'Human capital formation during the first industrial revolution: Evidence from the use of steam engines', *Journal of the European Economic Association* 18, no. 2 (2020): 829–89.

De Pleijt, Alexandra, and Jan Luiten van Zanden, 'Two worlds of female labour: gender wage inequality in western Europe, 1300–1800', *The Economic History Review* (2018).

Delis, Manthos D., Chrysovalantis Gaganis, Iftekhar Hasan and Fotios Pasiouras, 'The effect of board directors from countries with different genetic diversity levels on corporate performance', *Management Science* 63, no. 1 (2017): 231–49.

Dell, Melissa, 'The Persistent Effects of Peru's Mining *Mita* ', *Econometrica* 78, no. 6 (2010): 1863–1903.

Depetris-Chauvin, Emilio, and Ömer Özak, 'The origins of the division of labor in pre-modern times', *Journal of Economic Growth* (2021).

Desmet, Klaus, Ignacio Ortuño-Ortín and Romain Wacziarg, 'Culture, ethnicity, and diversity', *American Economic Review* 107, no. 9 (2017): 2479–2513.

Diamond, Jared, *Collapse: How Societies Choose to Succeed or Fail*, Viking Penguin, 2005.

Diamond, Jared M., 'Taiwan's gift to the world', *Nature* 403, no. 6771 (2000): 709–10.

Diamond, Jared, *Guns, Germs and Steel: The Fates of Human Societies*, Vintage, 1997.

Dickens, Charles, *The Adventures of Oliver Twist*, Ticknor and Fields, 1868.

Dittmar, Jeremiah E., 'Information Technology and Economic Change: The Impact of the Printing Press', *The Quarterly Journal of Economics* 126, no. 3 (2011): 1133–72.

Doepke, Matthias, and Fabrizio Zilibotti, 'Occupational choice and the spirit of capitalism', *The Quarterly Journal of Economics* 123, no. 2 (2008): 747–93.

Doepke, Matthias, and Fabrizio Zilibotti, 'The Macroeconomics of Child Labor Regulation', *American Economic Review* 95, no. 5 (2005): 1492–1524.

Dunbar, Robin I. M., 'The Social Brain Hypothesis', *Evolutionary Anthropology: Issues, News, and Reviews* 6, no. 5 (1998): 178–90.

Durlauf, Steven N., Paul A. Johnson and Jonathan R.W. Temple, 'Growth Econometrics', *Handbook of Economic Growth* 1 (2005): 555–677.

Durlauf, Steven N., and Danny T. Quah, 'The New Empirics of Economic Growth' *Handbook of Macroeconomics* 1 (1999): 235–308.

Easterly, William, *The Elusive Quest for Growth: Economists' Adventures and Misadventures in the Tropics*, MIT Press, 2001.

Easterly, William, and Ross Levine, 'The European Origins of Economic Development', *Journal of Economic Growth* 21, no. 3 (2016): 225–57.

Easterly, William, and Ross Levine, 'Africa's Growth Tragedy: Policies and Ethnic Divisions', *The Quarterly Journal of Economics* 112, no. 4 (1997): 1203–50.

Engerman, Stanley, and Kenneth Sokoloff, 'Factor Endowments, Institutions, and Differential Paths of Growth Among New World Economies: A View from Economic Historians of the United States', in *How Latin America Fell Behind: Essays on the Economic Histories of Brazil and Mexico, 1800–1914*, edited by Stephen Haber, 260–304, Stanford University Press, 1997.

Estevadeordal, Antoni, Brian Frantz and Alan M. Taylor, 'The rise and fall of world trade, 1870–1939', *The Quarterly Journal of Economics* 118, no. 2 (2003): 359–407.

Fanon, Frantz, *Black Skin, White Masks*, Grove Press, 2008.

Fanon, Frantz, *The Wretched of the Earth*, Grove/Atlantic, Inc., 2007.

Feldman, Michal, Eva Fernández-Domínguez, Luke Reynolds, Douglas Baird, Jessica Pearson, Israel Hershkovitz, Hila May et al., 'Late Pleistocene human genome suggests a local origin for the first farmers of central Anatolia', *Nature Communications* 10, no. 1 (2019): 1–10.

Feldman, Naomi E., and Karine Van der Beek, 'Skill Choice and Skill Complementarity in Eighteenth Century England', *Explorations in Economic History* 59 (2016): 94–113.

Fenske, James, 'Ecology, Trade, and States in Pre-Colonial Africa', *Journal of the European Economic Association* 12, no. 3 (2014): 612–40.

Fernihough, A., 'Human Capital and the Quantity–Quality Trade-Off During the Demographic Transition', *Journal of Economic Growth* 22, no. 1 (2017): 35–65.

Fewlass, Helen, Sahra Talamo, Lukas Wacker, Bernd Kromer, Thibaut Tuna, Yoann Fagault, Edouard Bard et al., 'A 14 C chronology for the Middle to Upper Paleolithic transition at Bacho Kiro Cave, Bulgaria', *Nature Ecology & Evolution* (2020): 1–8.

Findlay, Ronald, and Kevin H. O'Rourke, *Commodity Market Integration, 1500– 2000*, University of Chicago Press, 2007.

Fischer, David Hackett, *Albion's Seed: Four British Folkways in America*, Oxford University Press, 1989.

Flora, Peter, Franz Kraus and Winfried Pfenning, *State, Economy, and Society in Western Europe 1815– 1975: The growth of industrial societies and capitalist economies*, Vol. 2. St James Press, 1983.

Franck, Raphaël, and Oded Galor, 'Flowers of Evil or Evil of Flowers? Industrialization and Long-Run Development', *Journal of Monetary Economics* (2021).

Franck, Raphaël, and Oded Galor, 'Technology-skill Complementarity in Early Phases of Industrialization', *The Economic Journal* (2022).

Franck, Raphaël, and Ilia Rainer, 'Does the leader's ethnicity matter? Ethnic favoritism, education, and health in sub-Saharan Africa', *American Political Science Review* 106, no. 2 (2012): 294–325.

Fu, Qiaomei, Alissa Mittnik, Philip L. F. Johnson, Kirsten Bos, Martina Lari, Ruth Bollongino, Chengkai Sun et al., 'A revised timescale for human evolution based on ancient mitochondrial genomes', *Current Biology* 23, no. 7 (2013): 553–9.

Fukuyama, Francis, *The End of History and The Last Man*, Simon and Schuster, 2006.

Gallup, John Luke, Jeffrey D. Sachs and Andrew D. Mellinger, 'Geography and economic development', *International Regional Science Review* 22, no. 2 (1999): 179–232.

Galor, Oded, 'The Demographic Transition: causes and consequences', *Cliometrica* 6, no. 1 (2012): 1–28.

Galor, Oded, *Unified Growth Theory*, Princeton University Press, 2011. Galor, Oded, *Discrete Dynamical Systems*, Springer, 2010.

Galor, Oded, 'The Lawrence R. Klein lecture – Comparative economic development: Insights from unified growth theory', *International Economic Review* 51, no. 1 (2010): 1–44.

Galor, Oded, 'From Stagnation to Growth: Unified Growth Theory', *Handbook of Economic Growth* 1 (2005): 171–293.

Galor, Oded, 'Convergence? Inferences from theoretical models', *The Economic Journal* 106, no. 437 (1996): 1056–69.

Galor, Oded, 'A two-sector overlapping-generations model: A global characterization of the dynamical system', *Econometrica* 60, no. 6 (1992): 1351–86.

Galor, Oded, and Marc Klemp, 'Human Genealogy Reveals a Selective Advantage to Moderate Fecundity', *Nature Ecology & Evolution* 3, no. 5 (2019): 853–7.

Galor, Oded, and Marc Klemp, 'Roots of Autocracy', Working paper No. w23301, National Bureau of Economic Research, 2018.

Galor, Oded, and Andrew Mountford, 'Trading Population for Productivity: Theory and evidence', *The Review of Economic Studies* 75, no. 4 (2008): 1143–79.

Galor, Oded, and Andrew Mountford, 'Trade and the great divergence: the family connection', *American Economic Review* 96, no. 2 (2006): 299–303.

Galor, Oded, and Omer Moav, 'The neolithic origins of contemporary variations in life expectancy', SSRN 1012650 (2007).

Galor, Oded, and Omer Moav, 'Das Human-Kapital: A theory of the demise of the class structure', *The Review of Economic Studies* 73, no. 1 (2006): 85–117.

Galor, Oded, and Omer Moav, 'Natural selection and the evolution of life expectancy', (2005).

Galor, Oded, and Omer Moav, 'From Physical to Human Capital Accumulation: Inequality and the Process of Development', *The Review of Economic Studies* 71, no. 4 (2004): 1001–26.

Galor, Oded, and Omer Moav, 'Natural Selection and the Origin of Economic Growth', *The Quarterly Journal of Economics* 117, no. 4 (2002): 1133–91.

Galor, Oded, and Omer Moav, 'Ability-biased technological transition, wage inequality, and economic growth', *The Quarterly Journal of Economics* 115, no. 2 (2000): 469–97.

Galor, Oded, Omer Moav and Dietrich Vollrath, 'Inequality in Landownership, the Emergence of Human-Capital Promoting Institutions, and the Great Divergence', *The Review of Economic Studies* 76, no. 1 (2009): 143–79.

Galor, Oded, and Stelios Michalopoulos, 'Evolution and the Growth Process: Natural selection of entrepreneurial traits', *Journal of Economic Theory* 147, no. 2 (2012): 759–80.

Galor, Oded, and Ömer Özak, 'The Agricultural Origins of Time Preference', *American Economic Review* 106, no. 10 (2016): 3064–103.

Galor, Oded, Ömer Özak and Assaf Sarid, 'Geographical Roots of the Coevolution of Cultural and Linguistic Traits', SSRN 3284239 (2018).

Galor, Oded, Ömer Özak and Assaf Sarid, 'Linguistic Traits and Human Capital Formation', *AEA Papers and Proceedings*, Vol. 110 (2020), 309–13.

Galor, Oded, and Harl E. Ryder, 'Existence, uniqueness, and stability of equilibrium in an overlapping-generations model with productive capital', *Journal of Economic Theory* 49, no. 2 (1989): 360–75.

Galor, Oded and Viacheslav Savitskiy, 'Climatic Roots of Loss Aversion', Working Papers 2018-1, Brown University, Department of Economics, 2018.

Galor, Oded, and Daniel Tsiddon, 'Technological progress, mobility, and economic growth', *American Economic Review* (1997): 363–82.

Galor, Oded, and Daniel Tsiddon, 'The distribution of human capital and economic growth', *Journal of Economic Growth* 2, no. 1 (1997): 93–124.

Galor, Oded, and David N. Weil, 'Population, Technology, and Growth: From Malthusian Stagnation to the Demographic Transition and Beyond', *American Economic Review* 90, no. 4 (2000): 806–28.

Galor Oded, and David N. Weil, 'The Gender Gap, Fertility, and Growth', *American Economic Review* 86, no. 3 (1996): 374–87.

Galor, Oded, and Joseph Zeira, 'Income Distribution and Macroeconomics', *The Review of Economic Studies* 60, no. 1 (1993): 35–52.

Gates, Bill, *How to Avoid a Climate Disaster: The Solutions We Have and the Breakthroughs We Need*, Knopf, 2021.

Giavazzi, Francesco, Ivan Petkov and Fabio Schiantarelli, 'Culture: Persistence and Evolution', *Journal of Economic Growth* 24, no. 2 (2019): 117–54.

Gibbons, Ann, 'How farming shaped Europeans' immunity', *Science* 373, no. 6560 (2021): 1186.

Glaeser, Edward L., Rafael La Porta, Florencio Lopez-de-Silanes and Andrei Shleifer, 'Do Institutions Cause Growth?', *Journal of Economic Growth* 9, no. 3 (2004): 271–303.

Glaeser, Edward L., and Andrei Shleifer, 'Legal origins', *The Quarterly Journal of Economics* 117, no. 4 (2002): 1193–229.

Goldin, Claudia, 'America's graduation from high school: The evolution and spread of secondary schooling in the twentieth century', *The Journal of Economic History* 58, no. 2 (1998): 345–74.

Goldin, Claudia, 'Understanding the gender gap: An economic history of American women', No. gold90-1, National Bureau of Economic Research, 1990.

Goldin, C., 'Women's Employment and Technological Change: A Historical Perspective', *Computer Chips and Paper Clips: Technology and Women's Employment* 2 (1987): 185–222.

Goldin, Claudia, and Lawrence F. Katz, 'The legacy of US educational leadership: Notes on distribution and economic growth in the 20th century', *American Economic Review* 91, no. 2 (2001): 18–23.

González-Forero, Mauricio, and Andy Gardner, 'Inference of ecological and social drivers of human brain-size evolution', *Nature* 557, no. 7706 (2018): 554–7.

González-Fortes, Gloria, Eppie R. Jones, Emma Lightfoot, Clive Bonsall, Catalin Lazar, Aurora Grandal-d'Anglade, María Dolores Garralda et al., 'Paleogenomic evidence for multi-generational mixing between Neolithic farmers and Mesolithic hunter-gatherers in the lower Danube basin', *Current Biology* 27, no. 12 (2017): 1801–10.

Goody, Jack, *Technology, Tradition and the State in Africa*, Oxford University Press, 1971. Reprint, Routledge, 2018.

Gordon, Robert J., *The Rise and Fall of American Growth: The US standard of living since the civil war*, Vol. 70, Princeton University Press, 2017.

Gorodnichenko, Yuriy, and Gerard Roland, 'Culture, Institutions, and the Wealth of Nations', *Review of Economics and Statistics* 99, no. 3 (2017): 402–16.

Grande, James, and John Stevenson, *The Opinions of William Cobbett*, Routledge, 2017. Green, Andy, *Education and State Formation: The Rise of Education Systems in England, France, and the USA*, St. Martin's Press, 1990, p. 295.

Greenwood, Jeremy, Ananth Seshadri and Mehmet Yorukoglu, 'Engines of liberation', *The Review of Economic Studies* 72, no. 1 (2005): 109–33.

Greif, Avner, 'Contract enforceability and economic institutions in early trade: The Maghribi Traders' Coalition', *American Economic Review* (1993): 525–48.

Grosman, Leore, 'The Natufian chronological scheme – New insights and their implications', *Natufian Foragers in the Levant: Terminal Pleistocene social changes in Western Asia*, Archaeological Series 19 (2013): 622–37.

Grossman, Gene M., and Elhanan Helpman, *Innovation and Growth in the Global Economy*, MIT Press, 1991.

Guinnane, Timothy W., 'The Historical Fertility Transition: A Guide for Economists', *Journal of Economic Literature* 49, no. 3 (2011): 589–614.

Guiso, Luigi, Paola Sapienza and Luigi Zingales, 'Does Culture Affect Economic Outcomes?', *Journal of Economic Perspectives* 20, no. 2 (2006): 23–48.

Guiso, Luigi, Paola Sapienza and Luigi Zingales, 'The Role of Social Capital in Financial Development', *American Economic Review* 94, no. 3 (2004): 526–56.

Gurven, Michael, and Hillard Kaplan, 'Longevity Among Hunter-Gatherers: A Cross- Cultural Examination', *Population and Development Review* 33, no. 2 (2007): 321–65.

Haidt, Jonathan, *The Righteous Mind: Why Good People are Divided by Politics and Religion*, Vintage, 2012.

Hajnal, John, 'European marriage patterns in perspective', in D. V. Glass and D. E. C. Eversley (eds), *Population in History*, Arnold, 1965.

Hanihara, Tsunehiko, 'Morphological variation of major human populations based on nonmetric dental traits', *American Journal of Physical Anthropology* 136, no. 2 (2008): 169–82.

Hanioğlu, M. Şükrü, *A Brief History of the Late Ottoman Empire*, Princeton University Press, 2010.

Harari, Yuval Noah, *Sapiens: A Brief History of Humankind*, Random House, 2014.

Harpending, Henry, and Alan Rogers, 'Genetic perspectives on human origins and differentiation', *Annual Review of Genomics and Human Genetics* 1, no. 1 (2000): 361–85.

Harper, John L., P. H. Lovell and K. G. Moore, 'The shapes and sizes of seeds', *Annual Review of Ecology and Systematics* 1, no. 1 (1970): 327–56.

Harvati, Katerina, Carolin Röding, Abel M. Bosman, Fotios A. Karakostis, Rainer Grün, Chris Stringer, Panagiotis Karkanas et al., 'Apidima Cave fossils provide earliest evidence of *Homo sapiens* in Eurasia', *Nature* 571, no. 7766 (2019): 500–4.

Hassan, Fekri A., 'Demographic archaeology', in *Advances in Archaeological Method and Theory*, Academic Press, 1981, pp. 225–79.

Hausmann, Ricardo, Dani Rodrik and Andrés Velasco, 'Growth Diagnostics', *The Washington Consensus Reconsidered: Towards a New Global Governance* (2008): 324–355.

Hausmann, Ricardo, Lant Pritchett and Dani Rodrik, 'Growth Accelerations', *Journal of Economic Growth* 10, no. 4 (2005): 303–329.

Hazan, Moshe, and Binyamin Berdugo, 'Child Labour, fertility, and Economic Growth', *The Economic Journal*

112, no. 482 (2002): 810–28.

Hazan, Moshe, David Weiss and Hosny Zoabi, 'Women's Liberation, Household Revolution, (2021).

Heckman, J. J., and J. R. Walker, 'The Relationship Between Wages and Income and the Timing and Spacing of Births: Evidence from Swedish Longitudinal Data', *Econometrica* (1990): 1411–41.

Henrich, Joseph, *The Secret of Our Success: How Culture is Driving Human Evolution, Domesticating our Species, and Making us Smarter*, Princeton University Press, 2017.

Herrmann, Esther, Josep Call, María Victoria Hernández-Lloreda, Brian Hare and Michael Tomasello, 'Humans have Evolved Specialized Skills of Social Cognition: The Cultural Intelligence Hypothesis', *Science* 317, no. 5843 (2007): 1360–6.

Hershkovitz, Israel, Gerhard W. Weber, Rolf Quam, Mathieu Duval, Rainer Grün, Leslie Kinsley, Avner Ayalon et al., 'The earliest modern humans outside Africa', *Science* 359, no. 6374 (2018): 456–9.

Hill, Christopher, *The Century of Revolution, 1603–1714*, W. W. Norton, 1966, p. 32.

Ho, Ping-ti, *Studies on the Population of China, 1368–1953*, Harvard University Press, 2013.

Hobbes, Thomas, *Leviathan, or, The Matter, Form, and Power of a Common-Wealth Ecclesiastical and Civil*, printed for Andrew Crooke, 1651.

Hoffman, Philip T., *Why Did Europe Conquer the World?*, Vol. 54, Princeton University Press, 2017.

Hofstede, Geert, Gert Jan Hofstede and Michael Minkov, *Cultures and Organizations: Software of the mind*, Vol. 2, McGraw Hill, 2005.

Hopkins, Keith, 'On the Probable Age Structure of the Roman Population', *Population Studies* 20, no. 2 (1966): 245–64.

Hublin, Jean-Jacques, Nikolay Sirakov, Vera Aldeias, Shara Bailey, Edouard Bard, Vincent Delvigne, Elena Endarova et al., 'Initial Upper Palaeolithic *Homo sapiens* from Bacho Kiro Cave, Bulgaria', *Nature* (2020): 1–4.

Hume, David, 'Essays, Moral, Political, and Literary', from *Essays and Treatises on Several Subjects*, Vol. 1, Bell & Bradfute, 1825, p. 112.

Hunt, Terry L., and Carl P. Lipo, 'Late Colonization of Easter Island', *Science* 311, no. 5767 (2006): 1603–6.

Jackson, Tim, *Prosperity Without Growth: Foundations for the economy of tomorrow*, Taylor & Francis, 2016.

Jacobs, Jane, *The Death and Life of Great American Cities*, Vintage, 2016.

Jedwab, Remi, Noel D. Johnson and Mark Koyama, 'Pandemics, Places, and Populations: Evidence from the Black Death', *CEPR Discussion Papers* DP13523 (2019).

Jelinek, Arthur J., 'The Tabun cave and Paleolithic man in the Levant', *Science* 216, no. 4553 (1982): 1369–75.

Jones, Charles I., 'R & D-based models of economic growth', *Journal of Political Economy* 103, no. 4 (1995): 759–84.

Jones, Eric, *The European Miracle: Environments, Economies and Geopolitics in the History of Europe and Asia*, Cambridge University Press, 2003.

Josserand, Mathilde, Emma Meeussen, Asifa Majid, and Dan Dediu, 'Environment and culture shape both the colour lexicon and the genetics of colour perception', *Scientific Reports* 11, no. 1 (2021): 1–11.

Kannisto, Väinö, Oiva Turpeinen and Mauri Nieminen, 'Finnish Life Tables since 1751', *Demographic Research* 1 (1999).

Kant, Immanuel, *Answering the Question: What is Enlightenment?*, 1784.

Katz, Ori, 'Railroads, Economic Development, and the Demographic Transition in the United States', University Library of Munich (2018).

Kendi, Ibram X., *Stamped from the Beginning: The definitive history of racist ideas in America*, Nation Books, 2016.

Kettlewell, H. Bernard D., 'Selection Experiments on Industrial Melanism in the Lepidoptera', *Heredity* 9, no. 3 (1955): 323–42.

Keynes, J. M., 'A Tract on Monetary Reform', in *The Collected Writings of John Maynard Keynes*, Macmillan Press, 1971.

Klasing, Mariko J., and Petros Milionis, 'The International Epidemiological Transition and the Education Gender Gap', *Journal of Economic Growth* 25, no. 1 (2020): 1–50.

Klemp, Marc P., 'Prices, Wages and Fertility in Pre-Industrial England', *Cliometrica* 6, no. 1 (2012): 63–77.

Klemp, Marc, and Jacob L. Weisdorf, 'Fecundity, Fertility and the Formation of Human Capital', *The Economic Journal* 129, no. 618 (2019): 925–60.

Kline, Michelle A., and Robert Boyd, 'Population Size Predicts Technological Complexity in Oceania', *Proceedings of the Royal Society B: Biological Sciences* 277, no. 1693 (2010): 2559–64.

Kremer, Michael, 'Population growth and technological change: One million BC to 1990', *The Quarterly Journal of Economics* 108, no. 3 (1993): 681–716.

Krupnik, Igor, and Ludger Müller-Wille, 'Franz Boas and Inuktitut terminology for ice and snow: From the emergence of the field to the "Great Eskimo Vocabulary Hoax"', in *SIKU: Knowing our ice*, Springer, Dordrecht, 2010, pp. 377–400.

Kuhn, Thomas S., *The Copernican Revolution: Planetary Astronomy in the Development of Western Thought*, Vol. 16, Harvard University Press, 1957.

Kuznets, Simon, 'Quantitative Aspects of the Economic Growth of Nations: X. Level and Structure of Foreign Trade: Long-Term Trends', *Economic Development and Cultural Change* 15, no. 2, Part 2 (1967): 1–140.

La Porta, Rafael, Florencio Lopez-de-Silanes, Andrei Shleifer and Robert W. Vishny, 'Legal Determinants of External Finance', *The Journal of Finance* 52, no. 3 (1997): 1131–50.

Lagerlöf, Nils-Petter, 'Gender Equality and Long-run Growth', *Journal of Economic Growth* 8, no. 4 (2003): 403–426.

Lagerlöf, Nils-Petter, 'The Galor–Weil model revisited: A quantitative exercise', *Review of Economic Dynamics* 9, no. 1 (2006): 116–42.

Lang, Graeme, 'State Systems and the Origins of Modern Science: A Comparison of Europe and China', *East-West Dialog* 2 (1997): 16–30.

Lazaridis, Iosif, Nick Patterson, Alissa Mittnik, Gabriel Renaud, Swapan Mallick, Karola Kirsanow, Peter H. Sudmant et al., 'Ancient human genomes suggest three ancestral populations for present-day Europeans', *Nature* 513, no. 7518 (2014): 409–13.

Lee, Neil, 'Migrant and Ethnic Diversity, Cities and Innovation: Firm Effects or City Effects?', *Journal of Economic Geography* 15, no. 4 (2015): 769–96.

Lipset, Seymour Martin, 'Some social requisites of democracy: Economic development and political legitimacy', *American Political Science Review* 53, no. 1 (1959): 69–105.

Litina, Anastasia, 'Natural land productivity, cooperation and comparative development', *Journal of*

Economic Growth 21, no. 4 (2016): 351–408.

López, Saioa, Lucy Van Dorp and Garrett Hellenthal, 'Human dispersal out of Africa: A lasting debate', *Evolutionary Bioinformatics* 11 (2015): EBO-S33489.

Lucas, Adrienne M., 'The impact of malaria eradication on fertility', *Economic Development and Cultural Change* 61, no. 3 (2013): 607–31.

Lucas, Adrienne M., 'Malaria eradication and educational attainment: evidence from Paraguay and Sri Lanka', *American Economic Journal: Applied Economics* 2, no. 2 (2010): 46–71.

Lupyan, Gary, and Rick Dale, 'Language Structure is Partly Determined by Social Structure', *PLoS One* 5, no. 1 (2010).

Lucas, Robert E., *Lectures on Economic Growth*, Harvard University Press, 2002.

Lucas Jr, Robert E., 'On the Mechanics of Economic Development', *Journal of Monetary Economics* 22, no. 1 (1988): 3–42.

MacArthur, Robert H., and Edward O. Wilson, *The Theory of Island Biogeography*, Vol. 1, Princeton University Press, 1970.

Madsen, Jakob B., Md. Rabiul Islam and Xueli Tang, 'Was the post-1870 Fertility Transition a Key Contributor to Growth in the West in the Twentieth Century?', *Journal of Economic Growth* 25, no. 4 (2020): 431–454.

Madsen, Jakob, and Holger Strulik, 'Testing Unified Growth Theory: Technological Progress and the Child Quantity–Quality Trade-off', (2020).

Madsen, Jakob B., Peter E. Robertson and Longfeng Ye, 'Malthus Was Right: Explaining a Millennium of Stagnation', *European Economic Review* 118 (2019): 51–68.

Magga, Ole Henrik, 'Diversity in Saami terminology for reindeer, snow, and ice', *International Social Science Journal* 58, no. 187 (2006): 25–34.

Maloney, William, and Felipe Valencia Caicedo, 'Engineering Growth: Innovative Capacity and Development in the Americas', no. 6339, CESifo Group Munich (2017).

Manica, Andrea, William Amos, François Balloux and Tsunehiko Hanihara, 'The Effect of Ancient Population Bottlenecks on Human Phenotypic Variation', *Nature* 448, no. 7151 (2007): 346–8.

Murtin, Fabrice, and Romain Wacziarg, 'The democratic transition', *Journal of Economic Growth* 19, no. 2 (2014): 141–81.

Mathieson, Iain, Iosif Lazaridis, Nadin Rohland, Swapan Mallick, Nick Patterson, Songül Alpaslan Roodenberg, Eadaoin Harney et al., 'Genome-Wide Patterns of Selection in 230 Ancient Eurasians', *Nature* 528, no. 7583 (2015): 499–503.

Matranga, Andrea, 'The Ant and the Grasshopper: Seasonality and the Invention of Agriculture' (2017).

Matthews, Robert Charles Oliver, Charles Hilliard Feinstein and John C. Odling-Smee, *British Economic Growth 1856–1973: The post-war period in historical perspective*, Oxford University Press, 1982.

Mayshar, Joram, Omer Moav and Zvika Neeman, 'Geography, Transparency, and Institutions', *American Political Science Review* 111, no. 3 (2017): 622–36.

Mayshar, Joram, Omer Moav and Luigi Pascali, 'Cereals, Appropriability and Hierarchy', *Journal of Political Economy* (2022).

McCloskey, Deirdre Nansen, 'The Industrial Revolution: A Survey', in *The Economic History of Britain Since 1700*, Vol. 1, edited by Roderick C. Floud and D. N. McCloskey, Cambridge University Press, 1981, pp. 103–27.

McEvedy, Colin, and Richard Jones, *Atlas of World Population History*, Penguin, 1978.

McNeill, W. H., 'The Introduction of the Potato into Ireland', *The Journal of Modern History* 21, no. 3 (1949): 218–22.

Meisenzahl, Ralf R., and Joel Mokyr, 'The Rate and Direction of Invention in the British Industrial Revolution: Incentives and Institutions', in *The Rate and Direction of Inventive Activity Revisited*, University of Chicago Press, 2011, pp. 443–79.

Mellars, Paul, 'Why did modern human populations disperse from Africa ca. 60,000 years ago? A new model', *Proceedings of the National Academy of Sciences* 103, no. 25 (2006): 9381–6.

Michalopoulos, Stelios, and Elias Papaioannou, 'Pre-colonial Ethnic Institutions and Contemporary African Development', *Econometrica* 81, no. 1 (2013): 113–52.

Miller, Geoffrey, *The Mating Mind: How sexual choice shaped the evolution of human nature*, Anchor, 2011.

Mischel, Walter, Ozlem Ayduk, Marc G. Berman, B. J. Casey, Ian H. Gotlib, John Jonides, Ethan Kross et al., '"Willpower" Over the Life Span: Decomposing Self-Regulation', *Social Cognitive and Affective Neuroscience* 6, no. 2 (2011): 252–6.

Mitch, David, *The Rise of Popular Literacy in Victorian England: The influence of private choice and public policy*, University of Pennsylvania Press, 1992.

Modelski, George, *World Cities: –3000 to 2000*, Faros 2000, 2003.

Mokyr, Joel, 'The intellectual origins of modern economic growth', *The Journal of Economic History* 65, no. 2 (2005): 285–351.

Mokyr, Joel, *A Culture of Growth: The origins of the modern economy*, Princeton University Press, 2016.

Mokyr, Joel, 'The New Economic History and the Industrial Revolution', in J. Mokyr (ed.), *The British Industrial Revolution: An Economic Perspective*, Westview Press, 1999, pp. 1–127.

Mokyr, Joel, *The Lever of Riches: Technological creativity and economic progress*, Oxford University Press, 1992.

Møller, Niels Framroze, and Paul Sharp, 'Malthus in cointegration space: evidence of a post-Malthusian pre-industrial England', *Journal of Economic Growth* 19, no. 1 (2014): 105–40.

Morelli, Giovanna, Yajun Song, Camila J. Mazzoni, Mark Eppinger, Philippe Roumagnac, David M. Wagner, Mirjam Feldkamp et al., 'Yersinia pestis genome sequencing identifies patterns of global phylogenetic diversity', *Nature Genetics* 42, no. 12 (2010): 1140–3.

Moreno-Mayar, J. Víctor, Ben A. Potter, Lasse Vinner, Matthias Steinrücken, Simon Rasmussen, Jonathan Terhorst, John A. Kamm et al., 'Terminal Pleistocene Alaskan genome reveals first founding population of Native Americans', *Nature* 553, no. 7687 (2018): 203–7.

Morris, Ian, *Social Development*, Stanford University, 2010.

Morris, Ian, *Why the West Rules – For Now: The Patterns of History and What They Reveal About The Future*, Profile, 2010.

Murdock, George Peter, 'Ethnographic atlas: a summary', *Ethnology* 6, no. 2 (1967): 109–236.

Murphy, T. E., 'Old Habits Die Hard (Sometimes)', *Journal of Economic Growth* 20, no. 2 (2015): 177–222.

Nardinelli, Clark, 'Child Labor and the Factory Acts', *The Journal of Economic History* 40, no. 4 (1980): 739–55.

Neel, James V., 'Diabetes Mellitus: a "Thrifty" Genotype Rendered Detrimental by "Progress"?', *American Journal of Human Genetics* 14, no. 4 (1962): 353.

Nelson, Richard R., and Edmund S. Phelps, 'Investment in Humans, Technological Diffusion, and Economic Growth', *American Economic Review* 56, no. 1/2 (1966): 69–75.

North, Douglass C., and Robert Paul Thomas, 'The First Economic Revolution', *The Economic History Review* 30, no. 2 (1977): 229–41.

North, Douglass, *Institutions, Institutional Change, and Economic Performance*, Cambridge University Press, 1990.

Nunn, Nathan, 'The long-term effects of Africa's slave trades', *The Quarterly Journal of Economics* 123, no. 1 (2008): 139–76.

Nunn, Nathan, and Diego Puga, 'Ruggedness: The Blessing of Bad Geography in Africa', *Review of Economics and Statistics* 94, no. 1 (2012): 20–36.

Nunn, Nathan, and Leonard Wantchekon, 'The Slave Trade and the Origins of Mistrust in Africa', *American Economic Review* 101, no. 7 (2011): 3221–52.

Nunziata, Luca, and Lorenzo Rocco, 'The Protestant ethic and entrepreneurship: Evidence from religious minorities in the former Holy Roman Empire', *European Journal of Political Economy* 51 (2018): 27–43.

Nunziata, Luca, and Lorenzo Rocco, 'A tale of minorities: evidence on religious ethics and entrepreneurship', *Journal of Economic Growth* 21, no. 2 (2016): 189–224.

OECD (2017), Life expectancy at birth (indicator).

Ofek, Haim, *Second Nature: Economic Origins of Human Evolution*, Cambridge University Press, 2001.

Ó'Gráda, Cormac, *The Great Irish Famine*, no. 7, Cambridge University Press, 1995.

Ó'Gráda, Cormac, 'The population of Ireland 1700–1900: a survey', in *Annales de démographie historique*, Société de Demographie Historique, 1979, pp. 281–99.

Olsson, Ola, and Douglas A. Hibbs Jr, 'Biogeography and long-run economic development', *European Economic Review* 49, no. 4 (2005): 909–38.

O'Rourke, Kevin H., and Jeffrey G. Williamson, *Globalization and History: The evolution of a nineteenth-century Atlantic economy*, MIT Press, 1999.

Ottaviano, Gianmarco I. P., and Giovanni Peri, 'The Economic Value of Cultural Diversity: Evidence from US Cities', *Journal of Economic Geography* 6, no. 1 (2006): 9–44.

Palmer, Robert, 'Church of the Sonic Guitar', in *Present Tense: Rock & Roll and Culture*, edited by Anthony DeCurtis, Duke University Press, 1992, pp. 13–38.

Papaioannou, Elias, and Gregorios Siourounis, 'Democratisation and growth', *The Economic Journal* 118, no. 532 (2008): 1520–51.

Parker, Andrew R., 'On the Origin of Optics', *Optics & Laser Technology* 43, no. 2 (2011): 323–9.

Pascali, Luigi, 'The Wind of Change: Maritime Technology, Trade, and Economic Development', *American Economic Review* 107, no. 9 (2017): 2821–54.

Pemberton, Trevor J., Michael DeGiorgio and Noah A. Rosenberg, 'Population Structure in a Comprehensive Genomic Data Set on Human Microsatellite Variation', *G3: Genes, Genomes, Genetics* 3, no. 5 (2013): 891–907.

Persson, Torsten, and Guido Tabellini, 'Democracy and development: The devil in the details', *American Economic Review* 96, no. 2 (2006): 319–24.

Persson, Torsten, and Guido Tabellini, *Political Economics: Explaining economic policy*, MIT Press, 2002.

Piketty, Thomas, *Capital in the Twenty-First Century*, Harvard University Press, 2014.

Pinker, Steven, 'Language as an Adaptation to the Cognitive Niche', *Studies in the Evolution of Language* 3 (2003): 16–37.

Pinker, Steven, *Enlightenment Now: The Case for Reason, Science, Humanism, and Progress*, Penguin, 2018.

Pomeranz, Kenneth, *The Great Divergence: China, Europe, and the Making of the Modern World Economy*, Vol. 28, Princeton University Press, 2009.

Popper, Karl, *The Open Society and Its Enemies*, Routledge, 1945.

Poznik, G. David, Brenna M. Henn, Muh-Ching Yee, Elzbieta Sliwerska, Ghia M. Euskirchen, Alice A. Lin, Michael Snyder et al., 'Sequencing Y Chromosomes Resolves Discrepancy in Time to Common Ancestor of Males Versus Females', *Science* 341, no. 6145 (2013): 562–5.

Prugnolle, Franck, Andrea Manica and François Balloux, 'Geography predicts neutral genetic diversity of human populations', *Current Biology* 15, no. 5 (2005): R159–60.

Putnam, Robert D., Robert Leonardi and Raffaella Y. Nanetti, *Making Democracy Work: Civic traditions in modern Italy*, Princeton University Press, 1994.

Putterman, Louis, and David N. Weil, 'Post-1500 Population Flows and the Long-Run Determinants of Economic Growth and Inequality', *The Quarterly Journal of Economics* 125, no. 4 (2010): 1627–82.

Putterman, Louis, 'Agriculture, Diffusion and Development: Ripple Effects of the Neolithic Revolution', *Economica* 75, no. 300 (2008): 729–48.

Quataert, Donald, *The Ottoman Empire, 1700–1922*, Cambridge University Press, 2005.

Ramachandran, Sohini, Omkar Deshpande, Charles C. Roseman, Noah A. Rosen- berg, Marcus W. Feldman and L. Luca Cavalli-Sforza, 'Support from the relationship of genetic and geographic distance in human populations for a serial founder effect originating in Africa', *Proceedings of the National Academy of Sciences* 102, no. 44 (2005): 15942–7.

Ramos-Toro, Diego, 'Social Cohesion and Carbon Emissions' (2017).

Richerson, Peter J., Robert Boyd and Joseph Henrich, 'Gene-Culture Coevolution in the Age of Genomics', *Proceedings of the National Academy of Sciences* 107, Supplement 2 (2010): 8985–92.

Ridley, Matt, 'The Rational Optimist: How Prosperity Evolves', *Brock Education: A Journal of Educational Research and Practice* 21, no. 2 (2012).

Roberts, Seán, and James Winters, 'Social Structure and Language Structure: The New Nomothetic Approach', *Psychology of Language and Communication* 16, no. 2 (2012): 89–112.

Rodrik, Dani, 'Goodbye Washington Consensus, Hello Washington Confusion? A Review of the World Bank's Economic Growth in the 1990s: Learning from a Decade of Reform', *Journal of Economic Literature* 44, no. 4 (2006): 973–87.

Roebroeks, Wil, and Paola Villa, 'On the earliest evidence for habitual use of fire in Europe', *Proceedings of the National Academy of Sciences* 108, no. 13 (2011): 5209–14.

Romer, Paul M., 'Endogenous Technological Change', *Journal of Political Economy* 98, no. 5, Part 2 (1990): S71–102.

Rosenberg, N., and M. Trajtenberg, 'A General-Purpose Technology at Work: The Corliss Steam Engine in the Late-Nineteenth-Century United States', *The Journal of Economic History* 64, no. 1 (2004): 61–99.

Roser, Max, Hannah Ritchie and Esteban Ortiz-Ospina, 'Life Expectancy', Our World in Data (2019).

Roser, Max, Hannah Ritchie and Esteban Ortiz-Ospina, 'World Population Growth', Our World in Data (2019).

Rubin, Jared, *Rulers, Religion, and Riches: Why the West Got Rich and the Middle East Did Not*, Cambridge University Press, 2017.

Sachs, Jeffrey D., 'Government, geography, and growth: The true drivers of economic development', *Foreign Affairs* 91, no. 5 (2012): 142–50.

Sachs, Jeffrey, and Pia Malaney, 'The Economic and Social Burden of Malaria', *Nature* 415, no. 6872 (2002): 680–5.

Schultz, T. P., 'Changing World Prices, Women's Wages, and the Fertility Transition: Sweden, 1860–1910', *Journal of Political Economy* 93, no. 6 (1985): 1126–54.

Scott, James C., *Against the Grain: A Deep History of the Earliest States*, Yale University Press, 2017.

Ségurel, Laure, and Céline Bon, 'On the evolution of lactase persistence in humans', *Annual Review of Genomics and Human Genetics* 18 (2017).

Shimelmitz, Ron, Iris Groman-Yaroslavski, Mina Weinstein-Evron and Danny Rosenberg, 'A Middle Pleistocene abrading tool from Tabun Cave, Israel: A search for the roots of abrading technology in human evolution', *Journal of Human Evolution* 150 (2020): 102909.

Shiue, Carol H., 'Human Capital and Fertility in Chinese Clans Before Modern Growth', *Journal of Economic Growth* 22, no. 4 (2017): 351–96.

Shoda, Yuichi, Walter Mischel and Philip K. Peake, 'Predicting Adolescent Cognitive and Self-Regulatory Competencies from Preschool Delay of Gratification: Identifying Diagnostic Conditions', *Developmental Psychology* 26, no. 6 (1990): 978.

Simon, Julian Lincoln, *The Economics of Population Growth*, Princeton University Press, 1977.

Skoglund, Pontus, Helena Malmström, Ayça Omrak, Maanasa Raghavan, Cristina Valdiosera, Torsten Günther, Per Hall et al., 'Genomic diversity and admixture differs for Stone-Age Scandinavian foragers and farmers', *Science* 344, no. 6185 (2014): 747–50.

Snir, Ainit, Dani Nadel, Iris Groman-Yaroslavski, Yoel Melamed, Marcelo Sternberg, Ofer Bar-Yosef and Ehud Weiss, 'The Origin of Cultivation and Proto-Weeds, Long before Neolithic Farming', *PLoS One* 10, no. 7 (2015).

Snyder, Timothy, *Black Earth: The Holocaust as History and Warning*, Tim Duggan Books, 2015.

Sokoloff, Kenneth L., and Stanley L. Engerman, 'Institutions, Factor Endowments, and Paths of Development in the New world', *Journal of Economic Perspectives* 14, no. 3 (2000): 217–32.

Spolaore, Enrico, and Romain Wacziarg, 'How Deep are the Roots of Economic Development?', *Journal of Economic Literature* 51, no. 2 (2013): 325–69.

Spolaore, Enrico, and Romain Wacziarg, 'The Diffusion of Development', *The Quarterly Journal of Economics* 124, no. 2 (2009): 469–529.

Squicciarini, Mara P., and Nico Voigtländer, 'Human Capital and Industrialization: Evidence from the Age of Enlightenment', *The Quarterly Journal of Economics* 130, no. 4 (2015): 1825–83.

Stahlberg, Dagmar, Friederike Braun, Lisa Irmen and Sabine Sczesny, 'Representation of the Sexes in Language', *Social Communication* (2007): 163–87.

Steinbauer, Friedrich, *Melanesian Cargo Cults: New salvation movements in the South Pacific*, University of

Queensland Press, 1979.

Steward, Julian Haynes, *Theory of Culture Change: The methodology of multilinear evolution*, University of Illinois Press, 1972.

Talhelm, Thomas, Xiao Zhang, Shige Oishi, Chen Shimin, Dechao Duan, Xiaoli Lan and Shinobu Kitayama, 'Large-scale psychological differences within China explained by rice versus wheat agriculture', *Science* 344, no. 6184 (2014): 603–8.

Taylor, Walter W., 'Storage and the Neolithic Revolution', in *Estudios Dedicados al Professor Dr. Luis Pericot*, edited by Edwardo Ropillo, Universidad de Barcelona, Instituto de Arqueología y Prehistoria, 1973, pp. 193–7.

Testart, Alain, Richard G. Forbis, Brian Hayden, Tim Ingold, Stephen M. Perlman, David L. Pokotylo, Peter Rowley-Conwy and David E. Stuart, 'The Significance of Food Storage among Hunter-Gatherers: Residence Patterns, Population Densities, and Social Inequalities', *Current Anthropology* 23, no. 5 (1982): 523–37.

Tversky, Amos, and Daniel Kahneman, 'Loss Aversion in Riskless Choice: A Reference-Dependent Model', *The Quarterly Journal of Economics* 106, no. 4 (1991): 1039–61.

United Nations, World Population Prospects, 2017.

United Nations, Human Development Report, 2018.

United States Bureau of the Census, and United States, Congress House, *Historical Statistics of the United States, Colonial Times to 1970*, no. 93, US Department of Commerce, Bureau of the Census, 1975.

Vallin, Jacques, and France Meslé, *French Mortality Tables for XIXe and XXe Centuries and Projections for the Twenty First Century*, Données statistiques, no. 4, French Institute for Demographic Studies, 2001.

Vaquero, J. M. and Gallego, M. C., 'Two Early Observations of Aurora at Low Latitudes', *Annales Geophysicae* 19, no. 7 (2001): 809–11.

Vogl, Tom S., 'Differential fertility, human capital, and development', *The Review of Economic Studies* 83, no. 1 (2016): 365–401.

Voigtländer, Nico, and Hans-Joachim Voth, 'How the West "Invented" Fertility Restriction', *American Economic Review* 103, no. 6 (2013): 2227–64.

Voigtländer, Nico, and Hans-Joachim Voth, 'Why England? Demographic Factors, Structural Change and Physical Capital Accumulation During the Industrial Revolution', *Journal of Economic Growth* 11, no. 4 (2006): 319–61.

von Cramon-Taubadel, Noreen, and Stephen J. Lycett, 'Brief Communication: Human Cranial Variation Fits Iterative Founder Effect Model with African Origin', *American Journal of Physical Anthropology* 136, no. 1 (2008): 108–13.

Walker, Robert S., Michael Gurven, Oskar Burger and Marcus J. Hamilton, 'The trade-off between number and size of offspring in humans and other primates', *Proceedings of the Royal Society B: Biological Sciences* 275, no. 1636 (2008): 827–34.

Wallsten, Scott, 'Ringing in the 20th Century: The Effects of State Monopolies, Private Ownership, and Operating Licenses On Telecommunications in Europe, 1892– 1914', SSRN, 2001.

Waters, Michael R., 'Late Pleistocene exploration and settlement of the Americas by modern humans', *Science* 365, no. 6449 (2019).

Wanamaker, M. H., 'Industrialization and Fertility in the Nineteenth Century: Evidence from South Carolina', *The Journal of Economic History* 72, no. 1 (2012): 168–96.

Weisdorf, Jacob L., 'From Foraging to Farming: Explaining the Neolithic Revolution', *Journal of Economic Surveys* 19, no. 4 (2005): 561–86.

Weiss, Ehud, Mordechai E. Kislev, Orit Simchoni, Dani Nadel and Hartmut Tschauner, 'Plant-Food Preparation Area on an Upper Paleolithic Brush Hut floor at Ohalo II, Israel', *Journal of Archaeological Science* 35, no. 8 (2008): 2400–14.

Wesley, John, 'Sermon 50: The Use of Money', in *The Sermons of John Wesley*, edited by Thomas Jackson, 1872.

West, Barbara A., *Encyclopedia of the Peoples of Asia and Oceania*, Infobase Publishing, 2010.

Westaway, Kira E., J. Louys, R. Due Awe, Michael J. Morwood, Gilbert J. Price, J-X. Zhao, Maxime Aubert et al., 'An Early Modern Human Presence in Sumatra 73,000–63,000 years ago', *Nature* 548, no. 7667 (2017): 322–5.

White, Leslie A., *The Evolution of Culture: The development of civilization to the fall of Rome*, McGraw-Hill, 1959.

Wiesenfeld, Stephen L., 'Sickle-cell Trait in Human Biological and Cultural Evolution: Development of Agriculture Causing Increased Malaria Is Bound to Gene-pool Changes Causing Malaria Reduction', *Science* 157, no. 3793 (1967): 1134–1140.

Wittfogel, K. A., *The Hydraulic Civilizations*, University of Chicago Press, 1956.

Woodham-Smith, Cecil, *The Great Hunger: Ireland 1845–9*, Penguin, 1962.

World Bank, World Development Indicators (WDI), 2017.

World Health Organization, *Life Expectancy Data by WHO Region*, 2016.

Worsley, Peter, 'The trumpet shall sound: a study of "cargo" cults in Melanesia', (1957).

Wrangham, Richard, and NancyLou Conklin-Brittain, 'Cooking as a biological trait', *Comparative Biochemistry and Physiology Part A: Molecular & Integrative Physiology* 136, no. 1 (2003): 35–46.

Wrigley, Edward Anthony, Ros S. Davies, James E. Oeppen and Roger S. Schofield, *English Population History from Family Reconstitution 1580–1837*, Cambridge University Press, 1997.

Wrigley, Edward Anthony, and Roger Schofield, *The Population History of England 1541–1871*, Cambridge University Press, 1981.

注釋

人類旅程待解的謎團

1 Hobbes (1651). • 2 Data sources: Maddison Project Database (2010, 2013, 2018); Bolt and van Zanden (2014); Bolt et al. (2018); Roser et al. (2019): https://ourworldin-data.org/life-expectancy. • 3 Data sources: Bolt and van Zanden (2014); Bolt et al. (2018). • 4 Galor (2011). • 5 Some of these major events have been explored by Diamond (1997) and Harari (2014). • 6 Acemoglu and Robinson (2012); Alesina and Giuliano (2015). • 7 Data sources: Bolt et al. (2018). Western offshoots: Australia, Canada, New Zealand and the USA. • 8 Popper (1945). • 9 Pinker (2018).

第 1 章　最早的足跡

1 Jelinek (1982). • 2 Roebroeks and Villa (2011); Shimelmitz et al. (2021). • 3 Parker (2011). • 4 Clutton-Brock et al. (1980); González-Forero and Gardner (2018). • 5 Dunbar (1998); Ofek (2001). • 6 Herrmann et al. (2007); Henrich (2017). • 7 Miller (2011). • 8 Aiello and Wheeler (1995); Wrangham (2003). • 9 Darlington (1975). • 10 Mellars (2006). • 11 Hershkovitz et al. (2018); Harvati et al. (2019). • 12 Bae et al. (2017). • 13 Poznik et al. (2013). • 14 Fu et al. (2013). • 15 López et al. (2015). • 16 Westaway et al. (2017). • 17 Clarkson et al. (2017). • 18 Hublin et al. (2020); Fewlass et al. (2020). • 19 Moreno-Mayar et al. (2018); Walters (2019); Becerra-Valdivia and Higham (2020); Bennett et al. (2021). • 20 Bar-Yosef (1998); Bar-Yosef and Valla (2013); Grossman (2013). • 21 Diamond (1997). • 22 Ibid. • 23 Haidt (2012). • 24 Modelski (2003); Morris (2010). • 25 Chandler (1987); Morris (2010); Modelski (2003); Vaquero and Gallego (2001). • 26 Ségurel and Bon (2017); Bleasdale et al. (2021). • 27 Ségurel and Bon (2017). • 28 Wiesenfeld (1967); Gibbons (2011).

第 2 章　停滯的迷霧

1 Diamond (1997); Comin, Easterly and Gong (2010); Ashraf and Galor (2011). • 2 Ashraf and Galor (2011); Dalgaard and Strulik (2015); Madsen et al. (2019). • 3 Ashraf and Galor (2011). • 4 Cohen (1989). • 5 Hunt and Lipo (2006). • 6 West (2010). • 7 Diamond (2005). • 8 Weisdorf (2005); Ashraf and Michalopoulos (2015); Matranga (2019). • 9 Diamond (1997). • 10 Morelli et al.

(2010). • 11 Jedwab et al. (2019). • 12 Photo © José Luiz Bernades Ribeiro / CC BY-SA 4.0 / Source: Wikimedia Commons • 13 Wages in 1775 are set to be equal to 100. Data sources: Clark (2007); Clark (2016); Wrigley et al. (1997). • 14 McNeill (1949); Fukayama (2006). • 15 Ó'Gráda (1979). • 16 Woodham-Smith (1962). • 17 Chen and Kung (2016). • 18 Ho (2013). • 19 Angrist and Pischke (2008). • 20 Ibid. • 21 Clark (2008). • 22 Angel (1969). • 23 Acsádi et al. (1970); Hassan (1981); Galor and Moav (2005). • 24 Hopkins (1966). • 25 Wrigley and Schofield (1981). • 26 Blayo (1975). • 27 Human Mortality Database, University of California, Berkeley (USA), and Max Planck Institute for Demographic Research (Germany). • 28 Kannisto et al. (1999). • 29 Data source: Bolt et al. (2018).

第 3 章　表面下的風暴

1 Copernicus, cited in Kuhn (1957). • 2 Galor (2011). • 3 Ibid.; Galor and Weil (2000); Galor and Moav (2002); Galor and Mountford (2008). • 4 Data sources: Hyde (History database of the Global Environment); Roser et al. (2019): https://ourworldindata.org/world-population-growth. • 5 Simon (1977); Kremer (1993). • 6 Kline and Boyd (2010). • 7 Richerson et al. (2011). • 8 Galor and Weil (2000); Lager-löf (2006); • 9 Galor and Moav (2002). • 10 Barlow (1958). • 11 Kettlewell (1955). • 12 Mathieson et al. (2015). • 13 Bisin and Verdier (2000, 2001); Doepke and Zilibotti (2008); Galor and Michalopoulos (2012). • 14 MacArthur and Wilson (1970). • 15 Harper et al. (1970); Charnov and Morgan (2006); Walker et al. (2008). • 16 Galor and Klemp (2019). • 17 de la Croix et al. (2019).

第 4 章　全速前進

1 Dickens (1868). • 2 McCloskey (1981). • 3 Crafts and Harley (1992). • 4 Rosenberg and Trajtenberg (2004). • 5 Pascali (2017). • 6 New York Herald (1879). • 7 Allen (2003).• 8 Mokyr (1992). • 9 Dittmar (2011). • 10 Buringh and van Zanden (2009). • 11 Dittmar (2011). • 12 Data source: https://ourworldindata.org/literacy. • 13 Mitch (1992). • 14 Flora et al. (1983). • 15 Cipolla (1969). • 16 Green (1990). • 17 Flora et al. (1983). • 18 Cubberley (1920); Green (1990). • 19 Abramovitz and David (1999); Goldin and Katz (2001). • 20 Goldin (1988). • 21 Franck and Galor (2022). • 22 De Pleijt et al. (2020). • 23 Katz (2018). • 24 Atack et al. (2010). • 25 Nelson and Phelps (1966). • 26 Meisenzahl and Mokyr (2011). • 27 Feldman and van der Beek (2016); de la Croix et al. (2018). • 28 Nelson and Phelps (1966). • 29 Cinnirella and Streb (2017). • 30 Squicciarini and Voigtländer (2015). • 31 Maloney and Valencia Caicedo (2017). • 32 Benhabib and Spiegel (2005). • 33 Acemoglu and Robinson (2000); Aidt and Franck (2015). • 34 Galor and Moav (2006). • 35 Galor and Tsiddon (1997); Galor and Moav (2000). • 36 Green (1990). • 37 Ibid. • 38 Galor and Moav (2006). • 39 Galor et al. (2009). • 40 Ibid. • 41 Photo by Lewis Hine. Source: Library of Congress. Wikimedia Commons. • 42 Basu (1999). • 43 Hazan and Berdugo (2002);

Doepke and Zilibotti (2005). • 44 Nardinelli (1980). • 45 Data source: https://ourworldindata. org/child-labor. • 46 Doepke and Zilibotti (2005). • 47 Pinker (2018).

第 5 章　徹底蛻變

1 Data source: https://ourworldindata.org/fertility-rate. • 2 Jones and Tertlit (2009). • 3 Galor (2005); Cervellati and Sunde (2005); Voigtländer and Voth (2006). • 4 Grande and Stevenson (2017) • 5 Data source: Chesnais (1992). • 6 Hanjal (1965); Guin-ane (2011); Voigtländer and Voth (2013). • 7 Potts and Campbell (2002). • 8 Collier (2010). • 9 Galor and Weil (2000); Becker and Tomes (1976). • 10 Botticini and Eckstein (2014). • 11 Galor (2012); Vogl (2016). • 12 Becker et al. (2010). • 13 Bleakley and Lange (2009). • 14 Fernihough (2017); Murphy (2015); Andersen et al. (2016); Vogl (2016). • 15 Klemp and Weisdorf (2019). • 16 Shiue (2017). • 17 Goldin (1990). • 18 Cipolla (1969). • 19 Schultz (1985). • 20 Greenwood et al. (2005); Hazan et al. (2021). • 21 Wrigley and Schofield (1989); Burnette (1997). • 22 Goldin (1990). • 23 Goldin (1987). • 24 Galor and Weil (1996), Lagerlof (2003); de la Croix et al. (2015). • 25 Crafts (1989). • 26 Brown and Guinnane (2002). • 27 Wanamaker (2012). • 28 Schultz (1985); Heckman and Walker (1990).

第 6 章　應許之地

1 Gordon (2017). • 2 Bleakley (2010); Lucas (2010). • 3 Data sources: Wrigley and Schofield (1981); Arias (2016); Blayo (1975); Vallin and Meslé (2001); United Nations (2017); Kannisto et al. (1999); OECD (2017); Human Mortality Database, University of California, Berkeley (USA), and Max Planck Institute for Demographic Research (Germany); World Health Organization (2016). • 4 Data source: United States, Bureau of the Census, and United States. • 5 Wallsten (2001). • 6 Data sources: Maddison Project Database (2020); Bolt and van Zandan (2020). • 7 Data source: World Economic Outlook, 2018, IMF. • 8 Data source: Office for National Statistics (ONS), UK. • 9 Data source: Bureau of Labor Statistics. • 10 Data source: World Economic Outlook, IMF (2018). • 11 Franck and Galor (2020). • 12 Becker et al. (2017). • 13 Franck and Galor (2020). • 14 Data source: WDI, World Bank. • 15 Ibid. • 16 Keynes (1971). • 17 Abram et al. (2016). • 18 Jackson (2016). • 19 Casey and Galor (2017). • 20 Gates (2021).

第 7 章　輝煌與悲慘

1 Data sources: WDI, World Bank (2017); United Nations (2018). • 2 GDP per capita adjusted for purchasing power. Data sources: https://www.cdc.gov; https://www.census.gov. • 3 Data source: WDI, World Bank (2017). • 4 Ibid. • 5 Romer (1990); Aghion and Howitt (1992); Grossman and Helpman (1991); Jones (1995); Lucas (1988, 2002). • 6 Data source: Bolt et al. (2018); Durlauf and Quah (1999); Duraluf et al. (2005). • 7 Easterly (2001); Hausmann et al. (2005). • 8

Estavadeordal et al. (2002). • 9 Findlay and O'Rourke (2001). • 10 Crafts and Thomas (1986); O'Rourke and Williamson (1999); Pomeranz (2000); Andrews (2021). • 11 Mokyr (1989). • 12 Kuznets (1967). • 13 Galor and Mountford (2008). • 14 Ibid.; Bignon and García- Peñalosa (2016). • 15 Bairoch (1982). • 16 Chaudhuri (1983). • 17 Bairoch (1974, 1982). • 18 Matthews et al. (1982). • 19 Basu (1974). • 20 Morris (2010).

第 8 章　體制的特徵

1 Produced by NASA. Source: Wikimedia Commons. • 2 Data source: Maddison Project Database (2020); *The World Factbook* (2020). • 3 North (1990). • 4 Greif (1993). • 5 Acemoglu and Robinson (2012). • 6 Hill (1966). • 7 Acemoglu and Robinson (2012). • 8 Ibid. • 9 Mokyr (1992). • 10 Klemm (1964). • 11 Mokyr (1992). • 12 Murtin and Wacziarg (2004). • 13 Barro (1996); Persson and Tabellini (2006); Papaioannou and Siourounis (2008). • 14 Lipset (1959); Barro (1999); Fukayama (2006). • 15 Dell (2010). • 16 Acemoglu et al. (2011). • 17 McEvedy and Jones (1978). • 18 Sokoloff and Engerman (2000). • 19 La Porta et al. (1997); Glaeser and Shleifer (2002). • 20 Galor et al. (2009). • 21 Engerman and Sokoloff (1997). • 22 Acemoglu et al. (2002). • 23 Acemoglu et al. (2001). • 24 Sachs (2012). • 25 Easterly and Levine (2016). • 26 Glaeser et al. (2004). • 27 Putterman and Weil (2010). • 28 Michalopoulos and Papaioannou (2013). • 29 Acemoglu and Robinson (2012). • 30 Fenske (2014); Galor and Klemp (2019). • 31 Data source: WDI, World Bank.

第 9 章　文化因素

1 Mark 9:24; Timothy 6:10; Aquinas (1920); Matthew 5:5. • 2 Wesley (1872). • 3 Becker and Woessmann (2009); Andersen et al. (2017). • 4 Becker and Woessmann (2009). • 5 Nunziata and Rocco (2016, 2018). • 6 Guiso et al. (2006); Bazzi et al. (2020). • 7 Botticini and Eckstein (2014). • 8 Blackmore (2001). • 9 Dawkins (1976). • 10 Henrich (2017). • 11 White (1959); Steward (1972). • 12 Fanon (2007, 2008); Andrews (2021). • 13 Kant (1784). • 14 Mokyr (2016). • 15 Neel (1962). • 16 Banfield (1967). • 17 Alesina and Giuliano (2010). • 18 Arrow (1972). • 19 Putnam et al. (1994). • 20 Guiso at al. (2004). Trust is measured by the response to a question in a survey conducted by the European Social Survey over the years 2002–11: 'Would you say that most people can be trusted, or that you can't be too careful in dealing with people?' • 21 Becker et al. (2016). • 22 Nunn and Wantchekon (2011). • 23 Giavazzi et al. (2019). • 24 Gorodnichenko and Roland (2017). • 25 Fischer (1989).

第 10 章　地理的影子

1 Goody (2018). • 2 Murdock (1967). • 3 Alsan (2015). • 4 Sachs (2002). • 5 Lucas (2010, 2013). • 6

Dalgaard et al. (2020). • 7 Ashraf and Galor. (2013) • 8 Diamond (1997). • 9 Jones (2003). • 10 Hume (1825). • 11 Cosgel et al. (2012); Rubin (2017). • 12 Hanioğlu (2010). • 13 Quataert (2005). • 14 Mokyr (2016). • 15 Wittfogel (1956). • 16 Lang (1997). • 17 Cosandey (2007). • 18 Hoffman (2017). • 19 Ashraf et al. (2010); Ashraf and Galor (2011). • 20 Engerman and Sokoloff (1997). • 21 Acemoglu et al. (2002). • 22 Ibid. • 23 Galor and Mountford (2006, 2008). • 24 Kendi (2015). • 25 Nunn (2008). • 26 Nunn and Puga (2012). • 27 Hofstede et al. (2005). • 28 Galor and Ozak (2016). • 29 Ibid.; Data source for 'Long-Term Orientation across countries': https://hi.hofstede-insights.com/national-culture. • 30 Galor and Ozak (2016). • 31 Ibid. • 32 Ibid. • 33 Talhelm et al. (2014). • 34 Ang (2019). • 35 Alesina et al. (2013). • 36 Ibid. • 37 Tversky and Kahneman (1991). • 38 Galor and Savitskiy (2018). • 39 Ibid. • 40 Ibid. • 41 Magga (2006); Krupnik and Müller-Wille (2010). • 42 Josserand et al. (2021). • 43 Pinker (2003). • 44 Roberts and Winters (2012); Lupyan and Dale (2010). • 45 Richerson et al. (2010). • 46 Galor et al. (2018). • 47 Stahlberg et al. (2007); Galor et al. (2020). • 48 Fenske (2014). • 49 Galor et al. (2018). • 50 Bybee and Dahl (1989); Dahl and Velupillai (2011). • 51 Chen (2013); Galor (2016); Galor et al. (2019).

第 11 章　農業革命傳奇

1 Weiss et al. (2008); Snir et al. (2015). • 2 Diamond (1997). • 3 North and Thomas (1977). • 4 Galor and Moav (2007); Gibbons (2021). • 5 Skoglund et al. (2014); González-Fortes et al. (2017). • 6 Feldman et al. (2019). • 7 Lazaridis et al. (2014). • 8 Bellwood and Fox (2006). • 9 Bostoen (2018). • 10 Murdock (1967). • 11 Carneiro (1981). • 12 Taylor (1973); Testart et al. (1982); Allen (1997). • 13 Mayshar et al. (2017). • 14 Scott (2017). • 15 Mayshar et al. (2019). • 16 Data source: Putterman (2008). • 17 Ashraf and Galor (2011). • 18 Ashraf and Galor (2013). • 19 Galor and Mountford (2006, 2008). • 20 Acemoglu and Robinson (2012); Mokyr (2016); Hoffman (2017).

第 12 章　遠離非洲

1 Palmer (1992). • 2 Ridley (2012). • 3 Ottaviano and Peri (2006); Lee (2015). • 4 Delis et al. (2017). • 5 Cook and Fletcher (2018). • 6 Alesina et al. (2003); Ramos-Toro (2017). • 7 Easterly and Levine (1997). • 8 Harpending and Rogers (2000); Ramachandran et al. (2005); Prugnolle et al. (2005); Manica et al. (2007); von Cramon-Taubadel and Lycett (2008); Hanihara (2008); Betti et al. (2009); Atkinson (2011); Betti et al. (2013); Betti and Manica (2018). • 9 Ibid. • 10 Pemberton et al. (2013). • 11 Data source: Pemberton et al. (2013). Figure source: Ashraf, Galor and Klemp (2021). • 12 Harpending and Rogers (2000); Ramachandran et al. (2005); Prugnolle et al. (2005); Manica et al. (2007); von Cramon-Taubadel and Lycett (2008); Hanihara (2008); Betti et al. (2009); Atkinson (2011); Betti et al. (2013); Betti and Manica (2018). • 13 Alesina et al. (2003). • 14 Pemberton (2013); Desmet et al. (2017). • 15 Ashraf and Galor (2013). • 16 Arbatlı et al. (2020); Ashraf et al. (2021). • 17 Cook and Fletcher (2018); Depetris-Chauvin and Özak (2021);

Ashraf et al (2021). • 18 Manica et al. (2007); von Cramon-Taubadel et al. (2008). • 19 Ashraf and Galor (2013). • 20 Ashraf et al. (2021). 在 1500 年觀察到的人口多樣性和人口密度之間的單峰形關係（圖 21(A)）並不代表對前殖民美洲印第安人社會多樣性的低估，這些社會都位於單峰的右側。多樣性對一般生產力的影響是建立在每個大陸內部多樣性變化的基礎之上，特別是對 1500 年的人口密度的影響，因此對美洲整體人口多樣性的低估（很可能已經發生）不會影響所描繪的圖形。事實上，使用的統計方法是，即使美洲每個族群的原住民人口樣本多上百倍，如圖 21(A) 所示的多樣性的影響將保持不變。• 21 Ibid. • 22 Ashraf et al. (2021). • 23 Ibid. • 24 Ashraf and Galor (2013).

完結篇　揭開不平等的謎團

1 Worsley (1967); Steinbauer (1979). • 2 Rodrik (2006); Hausmann et al. (2008).

國家圖書館出版品預行編目(CIP)資料

人類的旅程/奧德.蓋勒(Oded Galor)著；顧淑馨譯. -- 初版. -- 臺北市：
城邦文化事業股份有限公司商業周刊, 2022.10
272面 ; 17 × 22公分
譯自：The journey of humanity : the origins of wealth and inequality
ISBN 978-626-7099-85-8(平裝)

1.CCST: 經濟發展　2.CST: 經濟史

550.9　　　　　　　　　　　　　　　　　　　　111014067

人類的旅程

作者	奧德·蓋勒 Oded Galor
譯者	顧淑馨
商周集團執行長	郭奕伶

商業周刊出版部

責任編輯	林雲
校對	呂佳真
封面設計	Bert
內頁排版	邱介惠
出版發行	城邦文化事業股份有限公司 商業周刊
地址	104 台北市中山區民生東路二段 141 號 4 樓
	電話：(02)2505-6789　傳真：(02)2503-6399
讀者服務專線	(02)2510-8888
商周集團網站服務信箱	mailbox@bwnet.com.tw
劃撥帳號	50003033
戶名	英屬蓋曼群島商家庭傳媒股份有限公司城邦分公司
網站	www.businessweekly.com.tw
香港發行所	城邦（香港）出版集團有限公司
	香港灣仔駱克道 193 號東超商業中心 1 樓
	電話：(852) 2508-6231　傳真：(852) 2578-9337
	E-mail：hkcite@biznetvigator.com
製版印刷	中原造像股份有限公司
總經銷	聯合發行股份有限公司 電話：(02) 2917-8022
初版 1 刷	2022 年 10 月
定價	450 元
ISBN	978-626-7099-85-8（平裝）
EISBN	9786267099872（EPUB）／ 9786267099865（PDF）

藍學堂

學習・奇趣・輕鬆讀